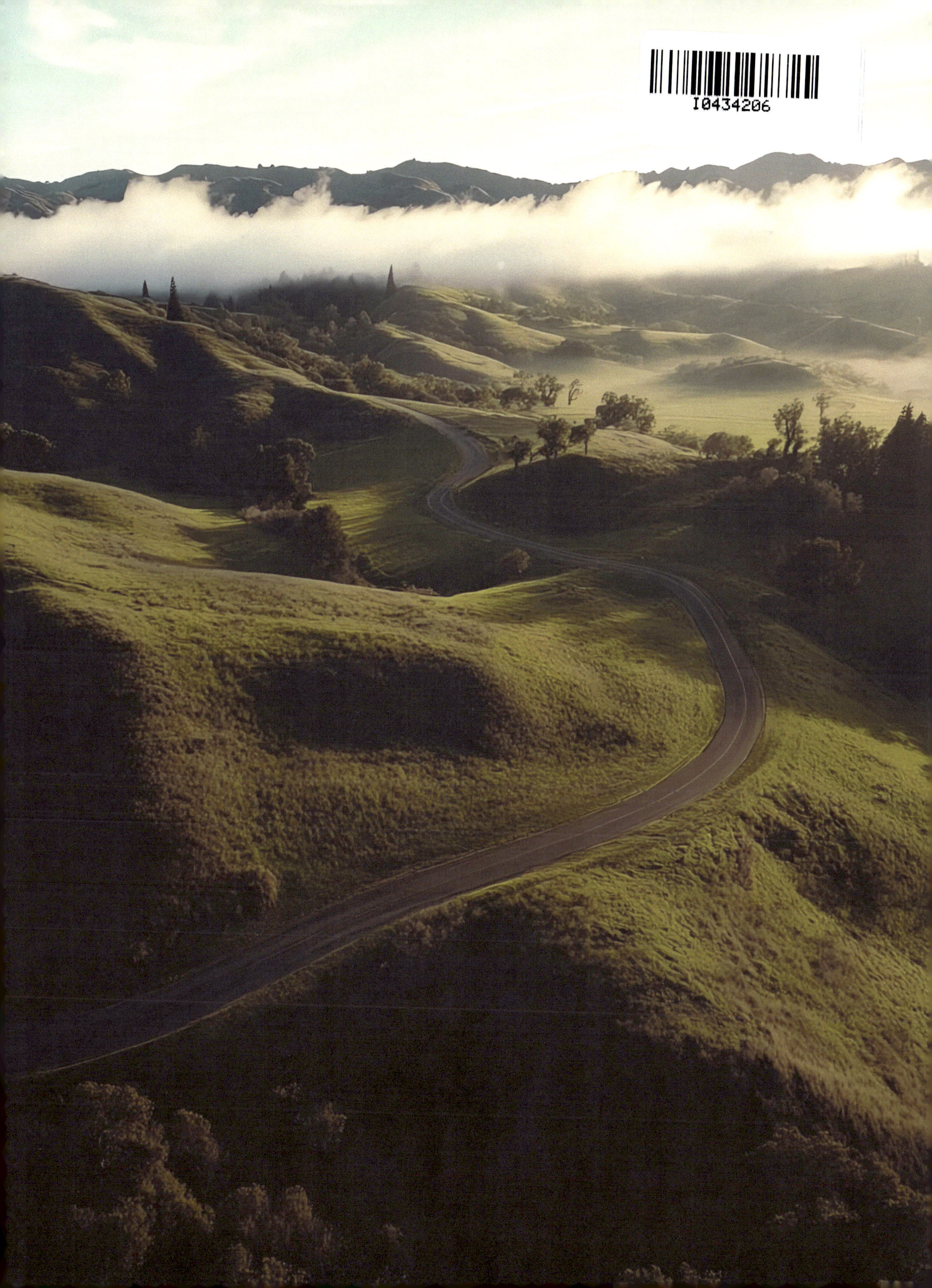

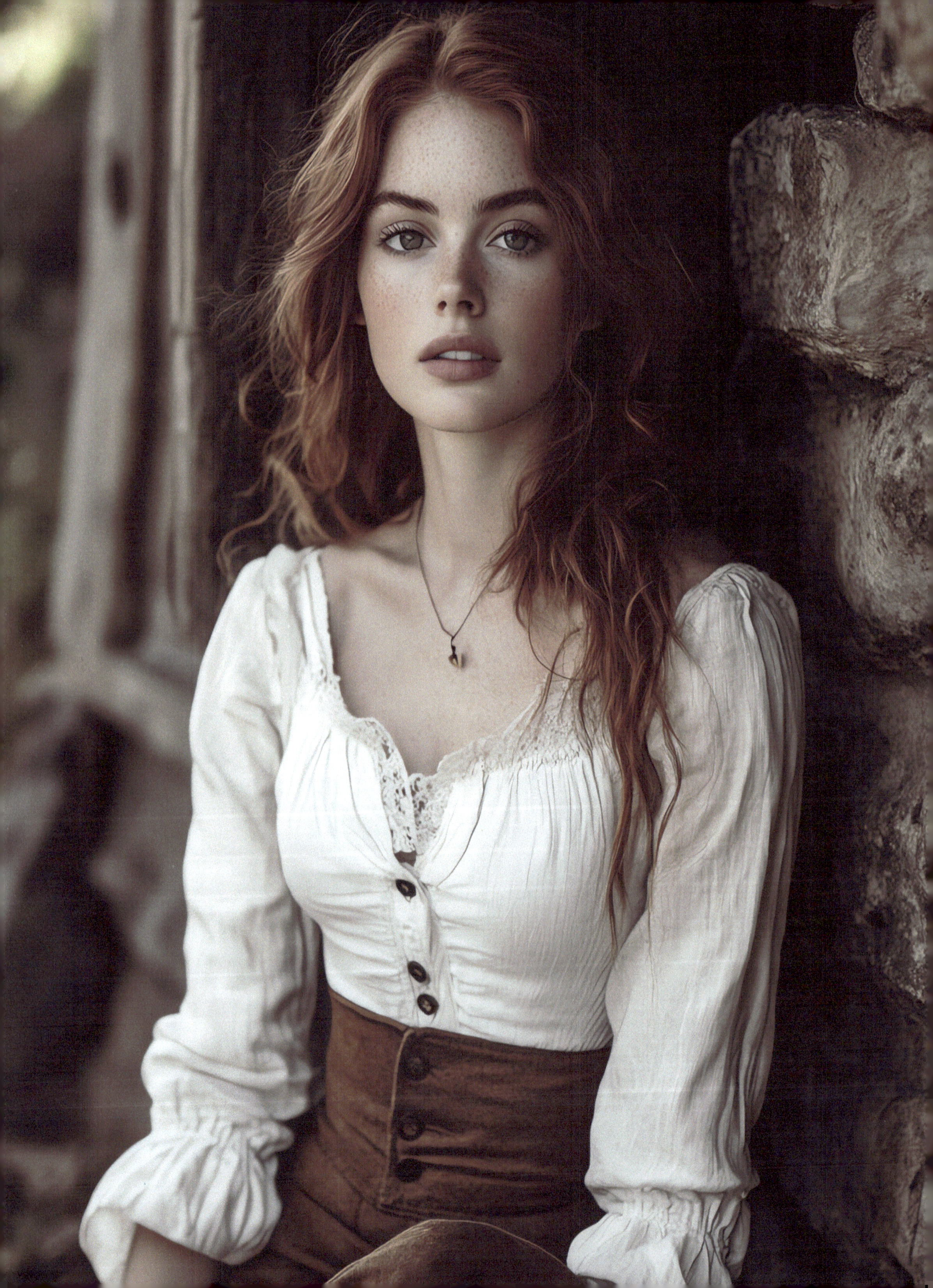

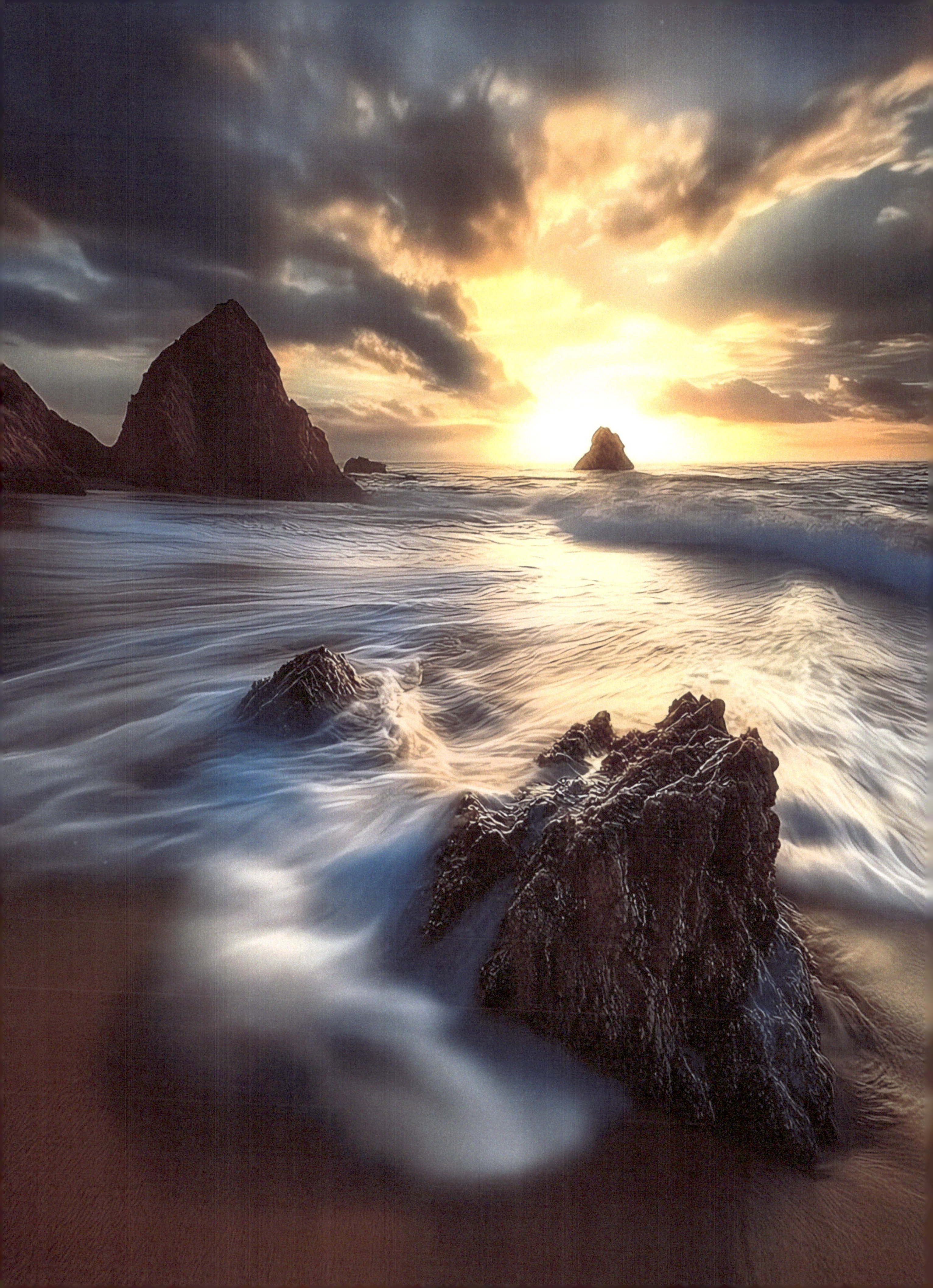

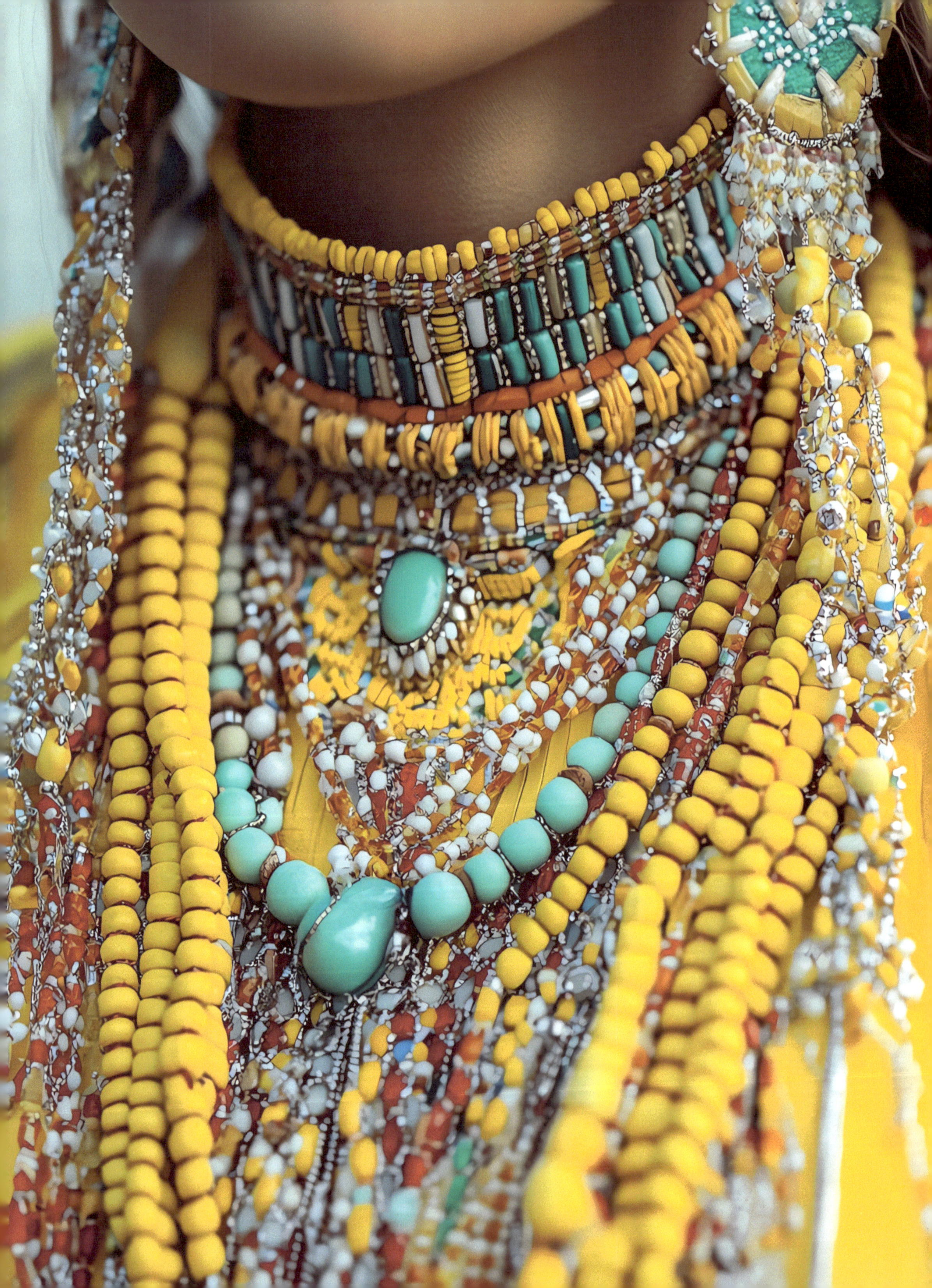

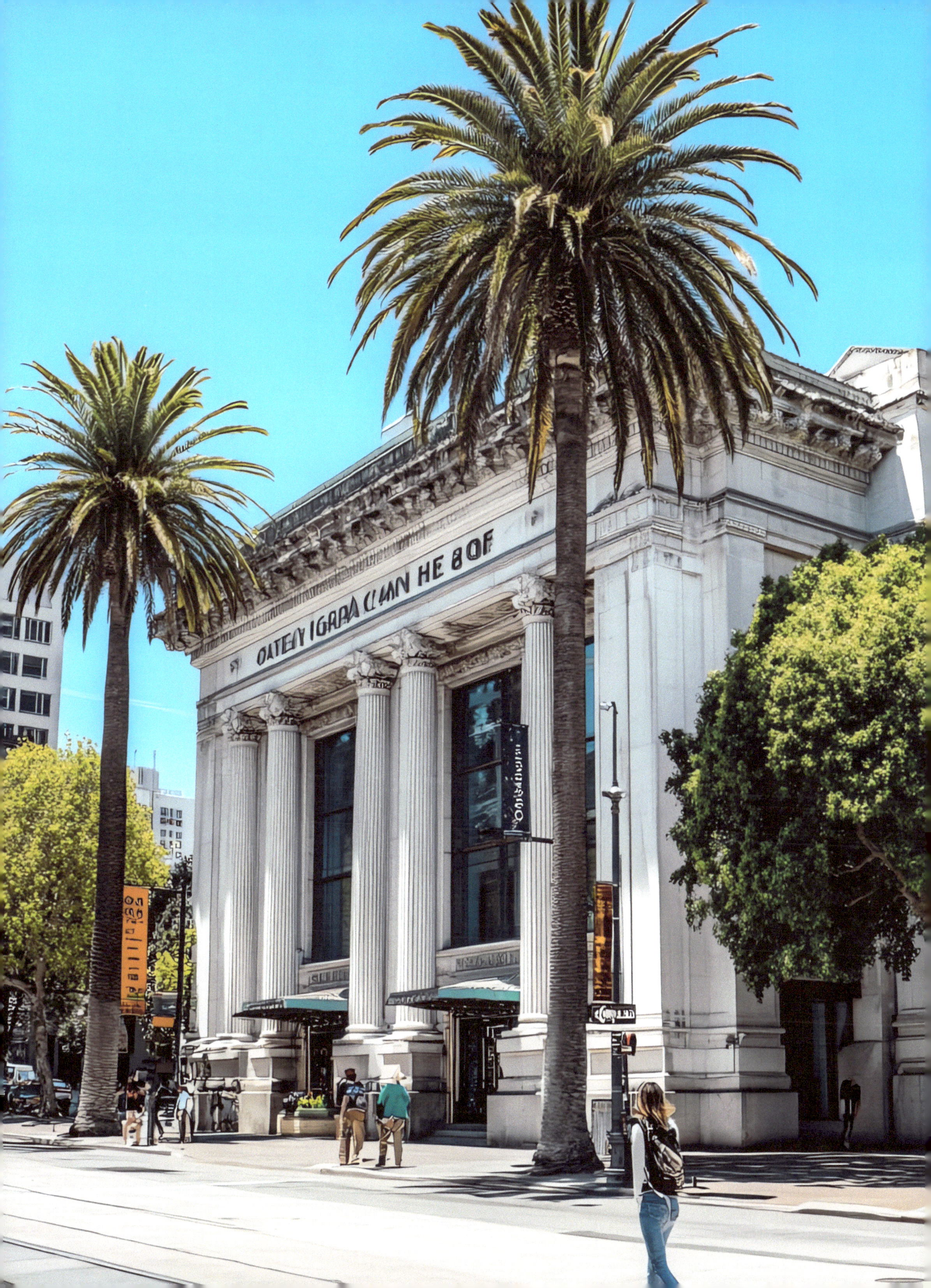

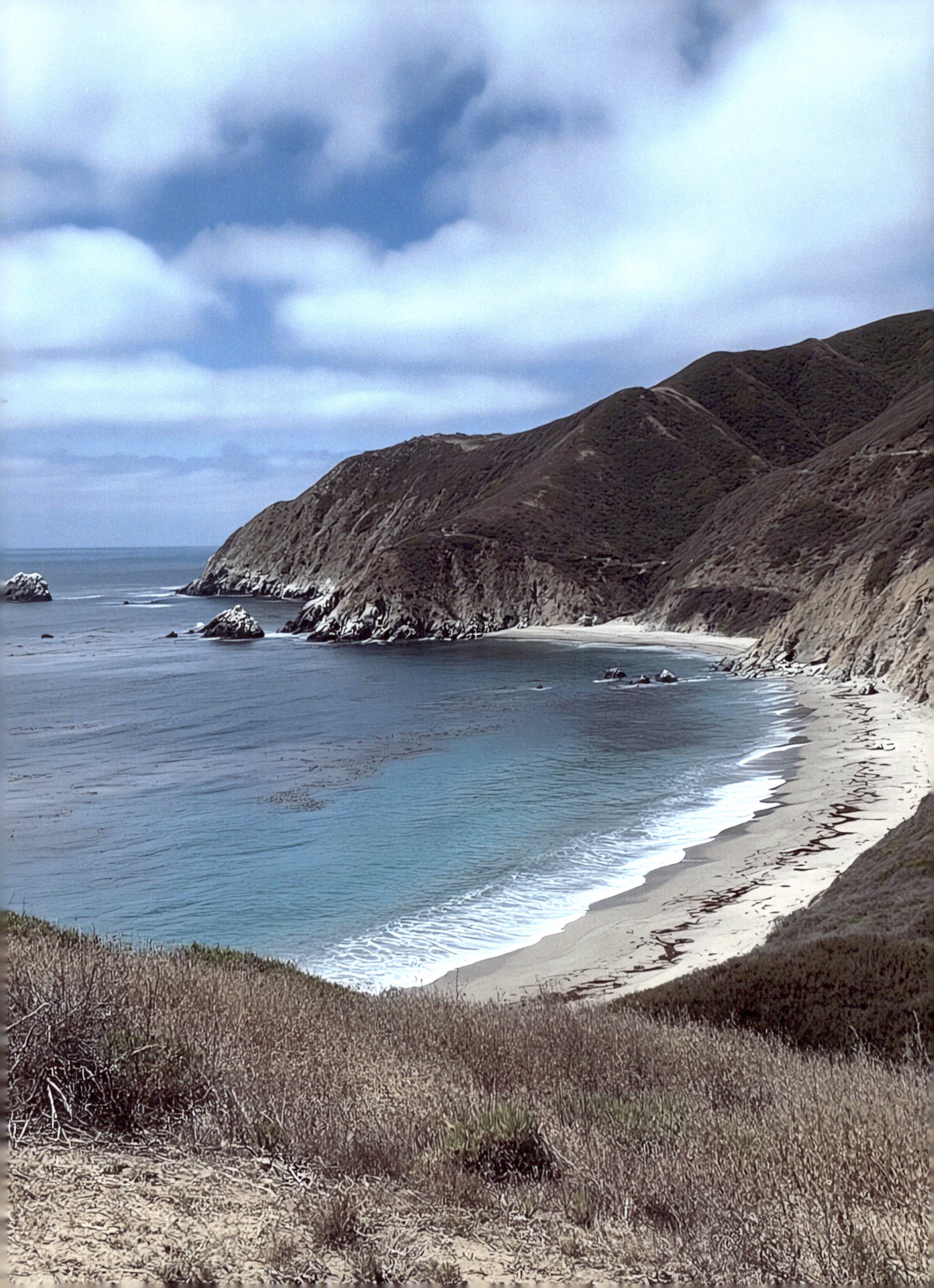

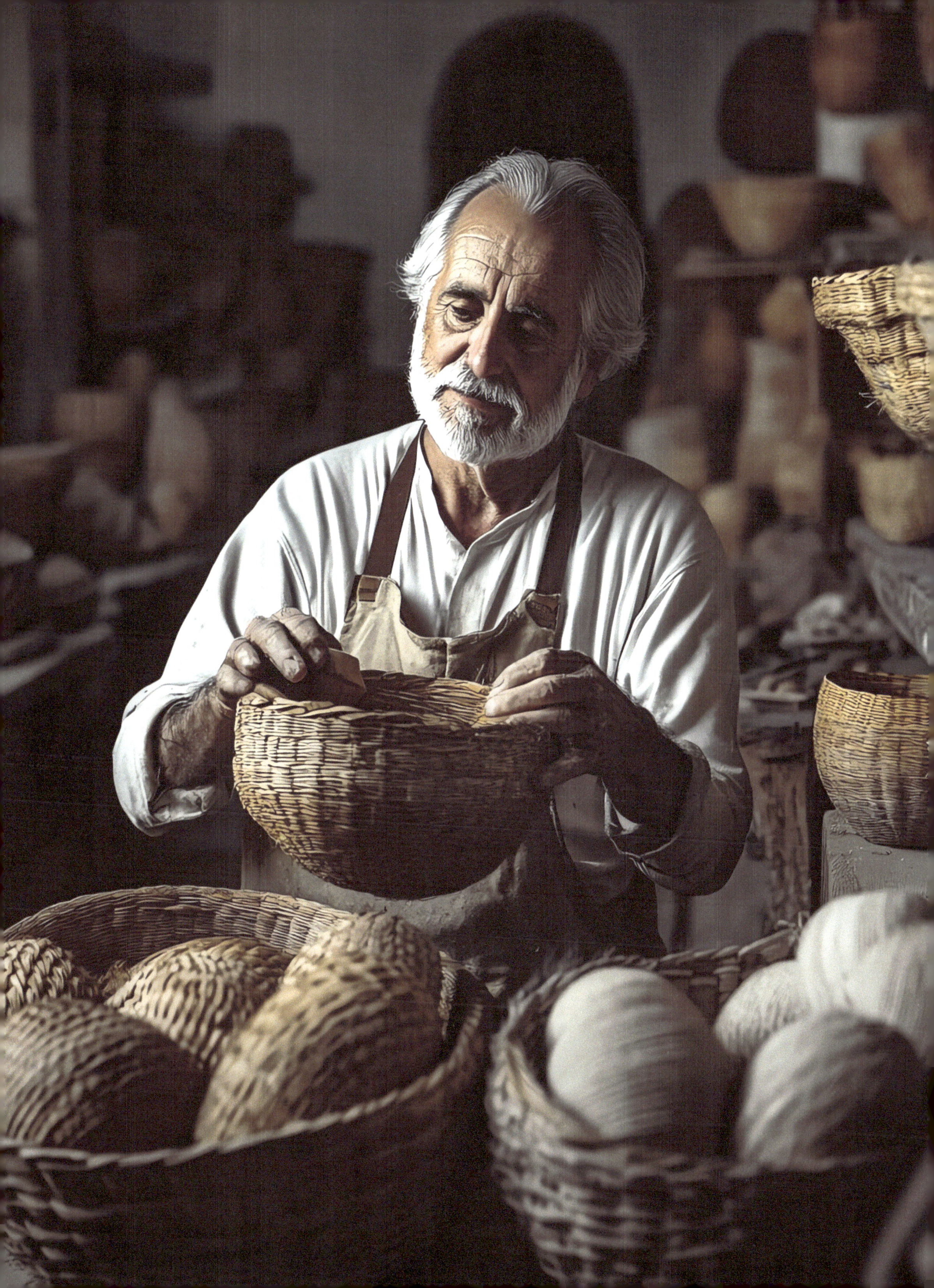

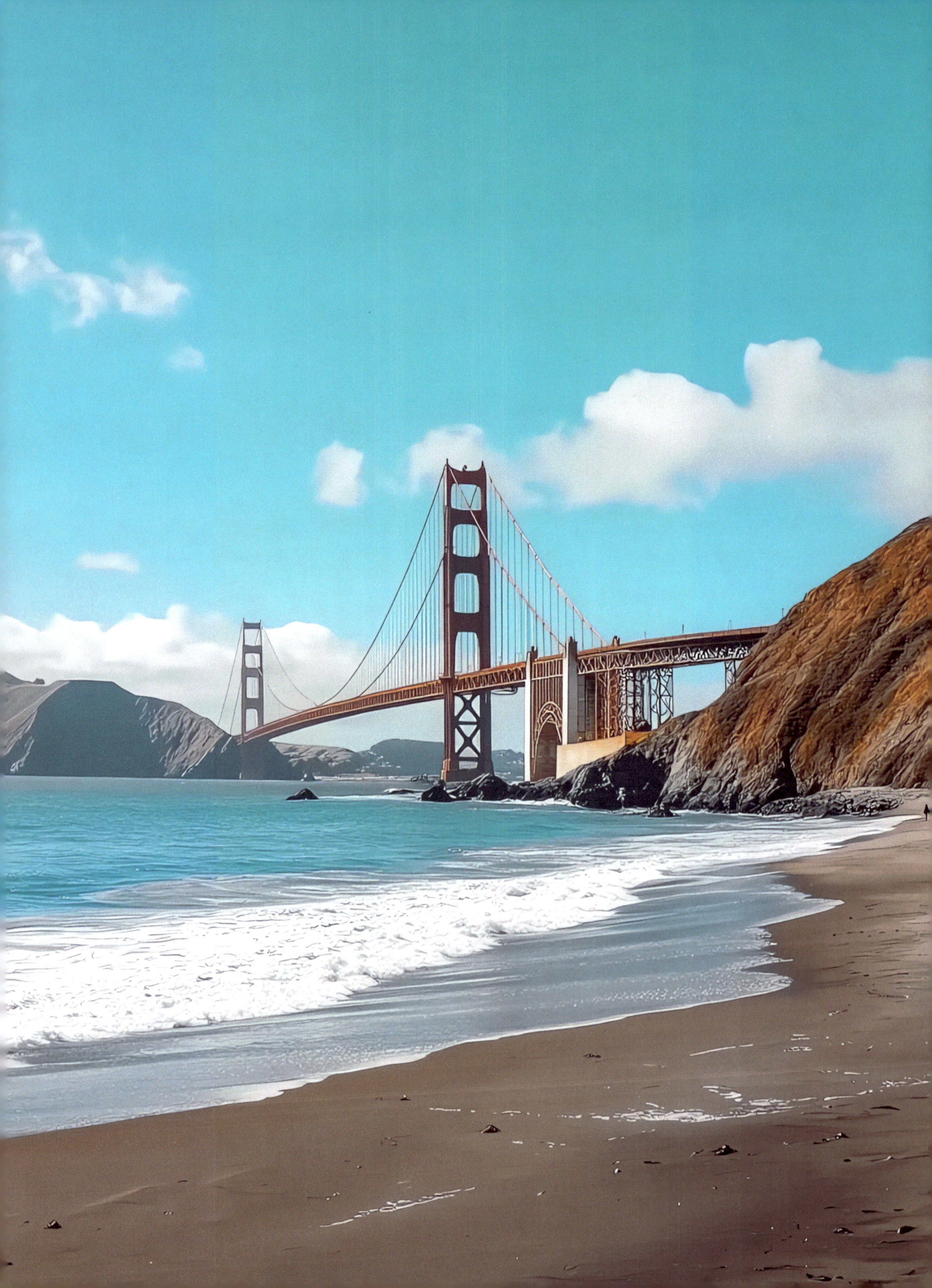

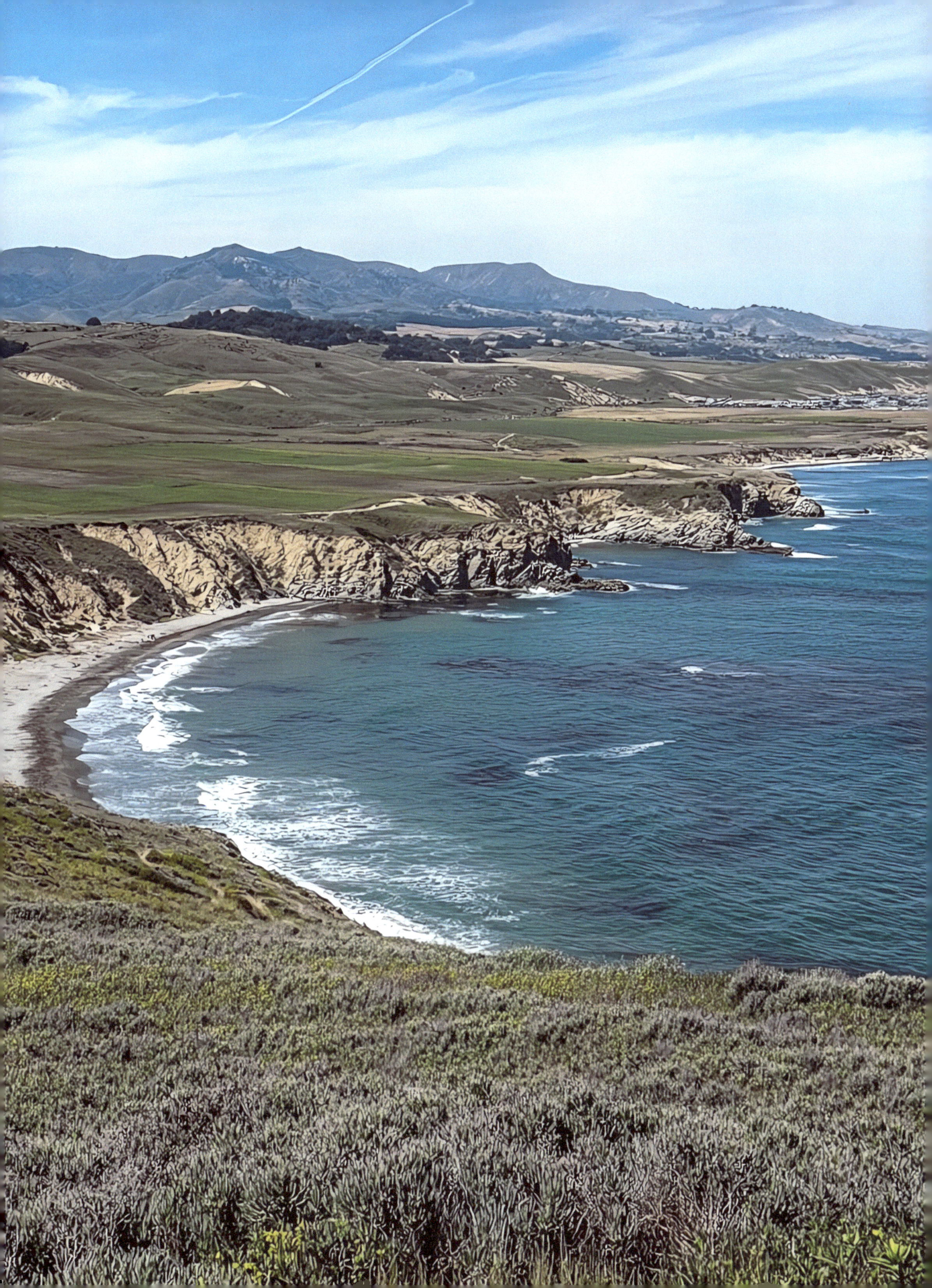

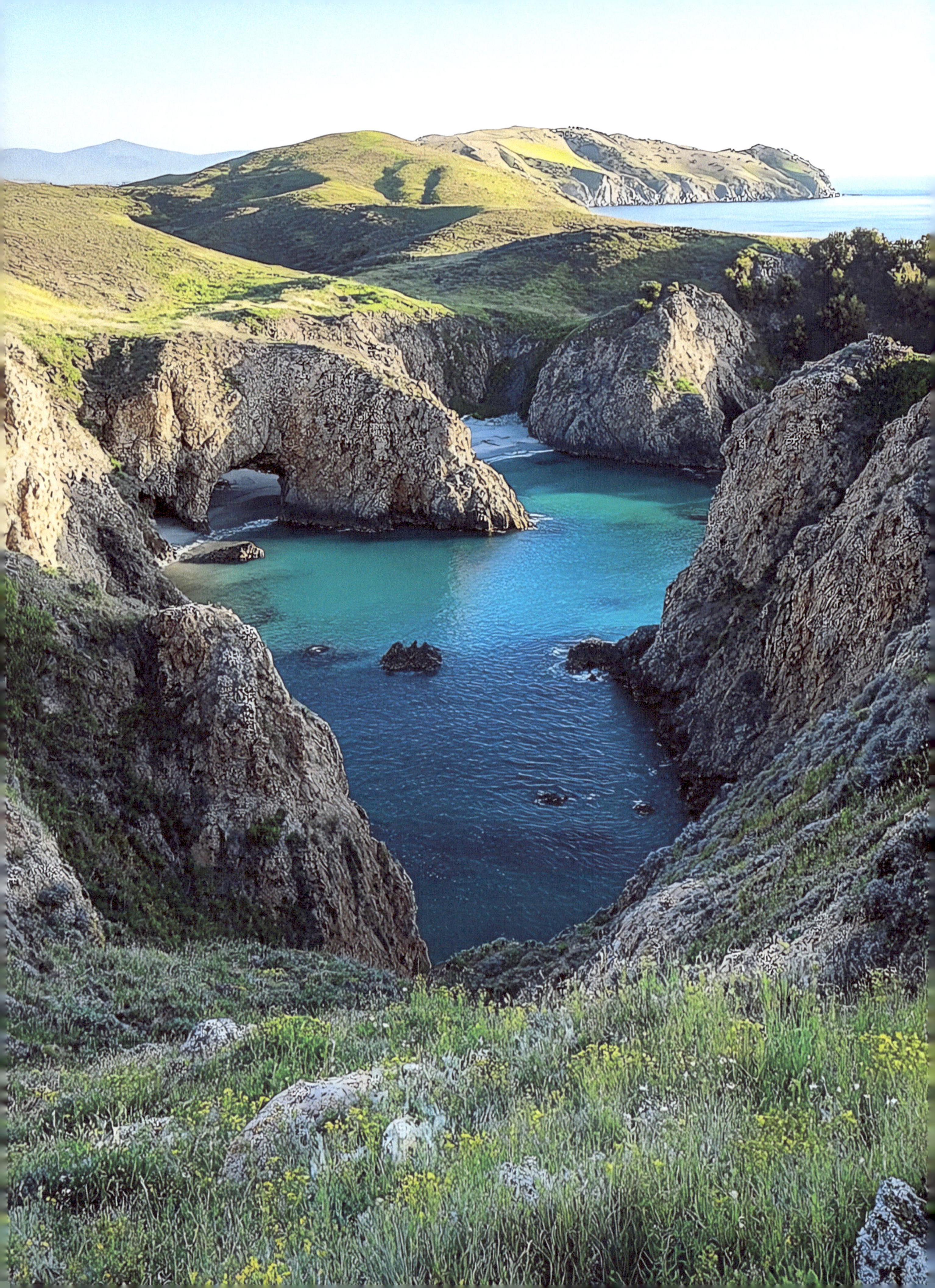

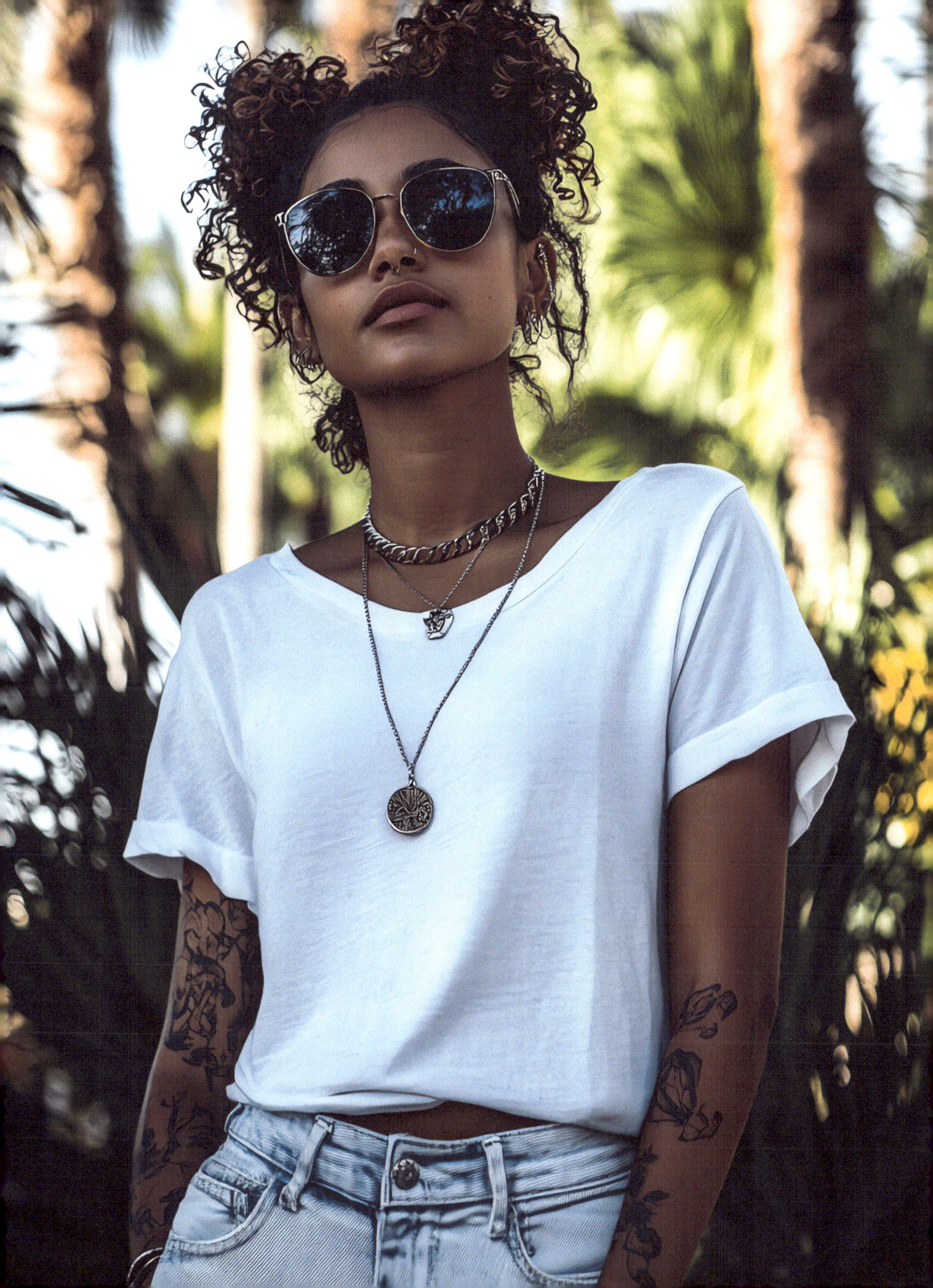

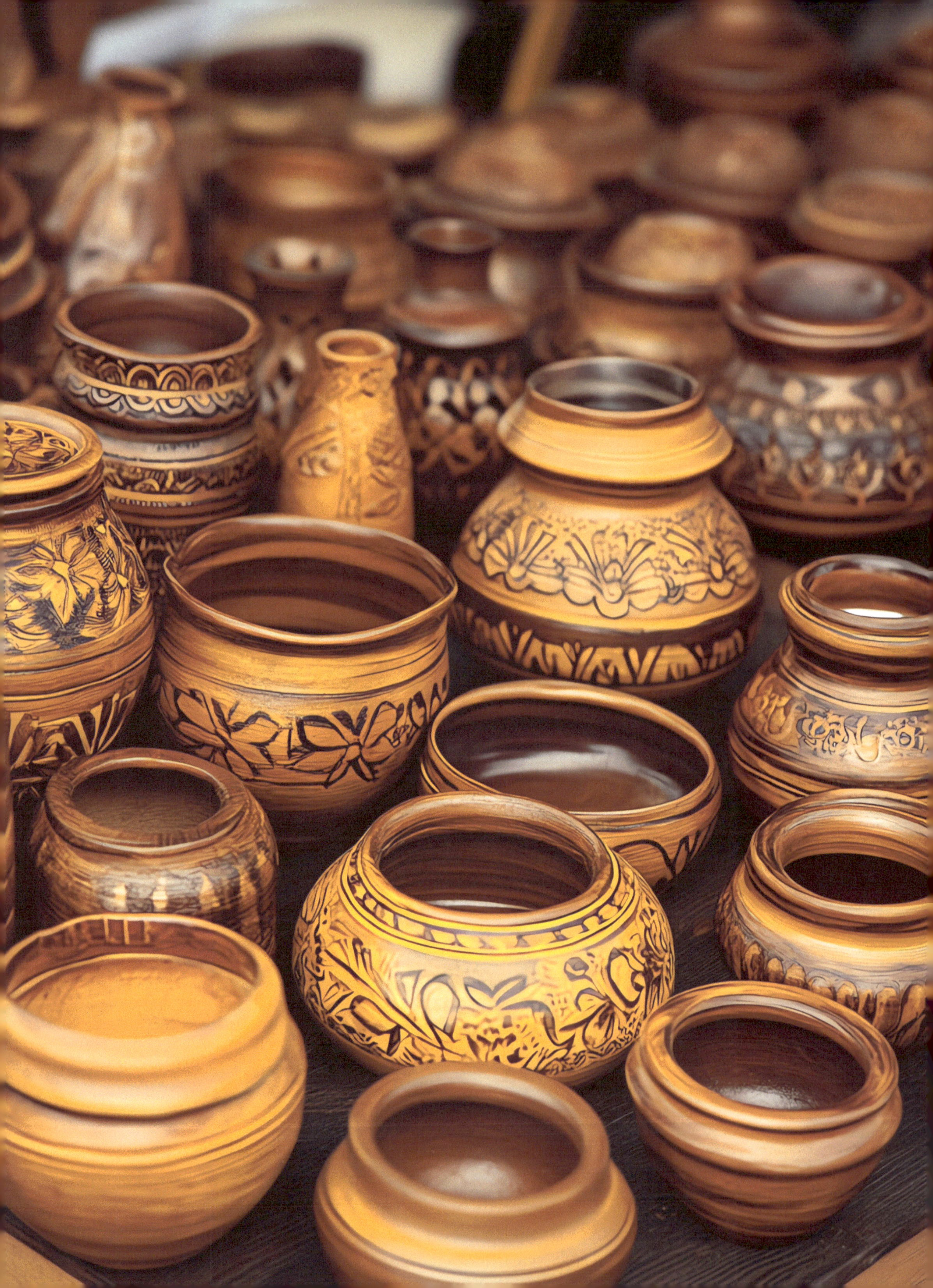

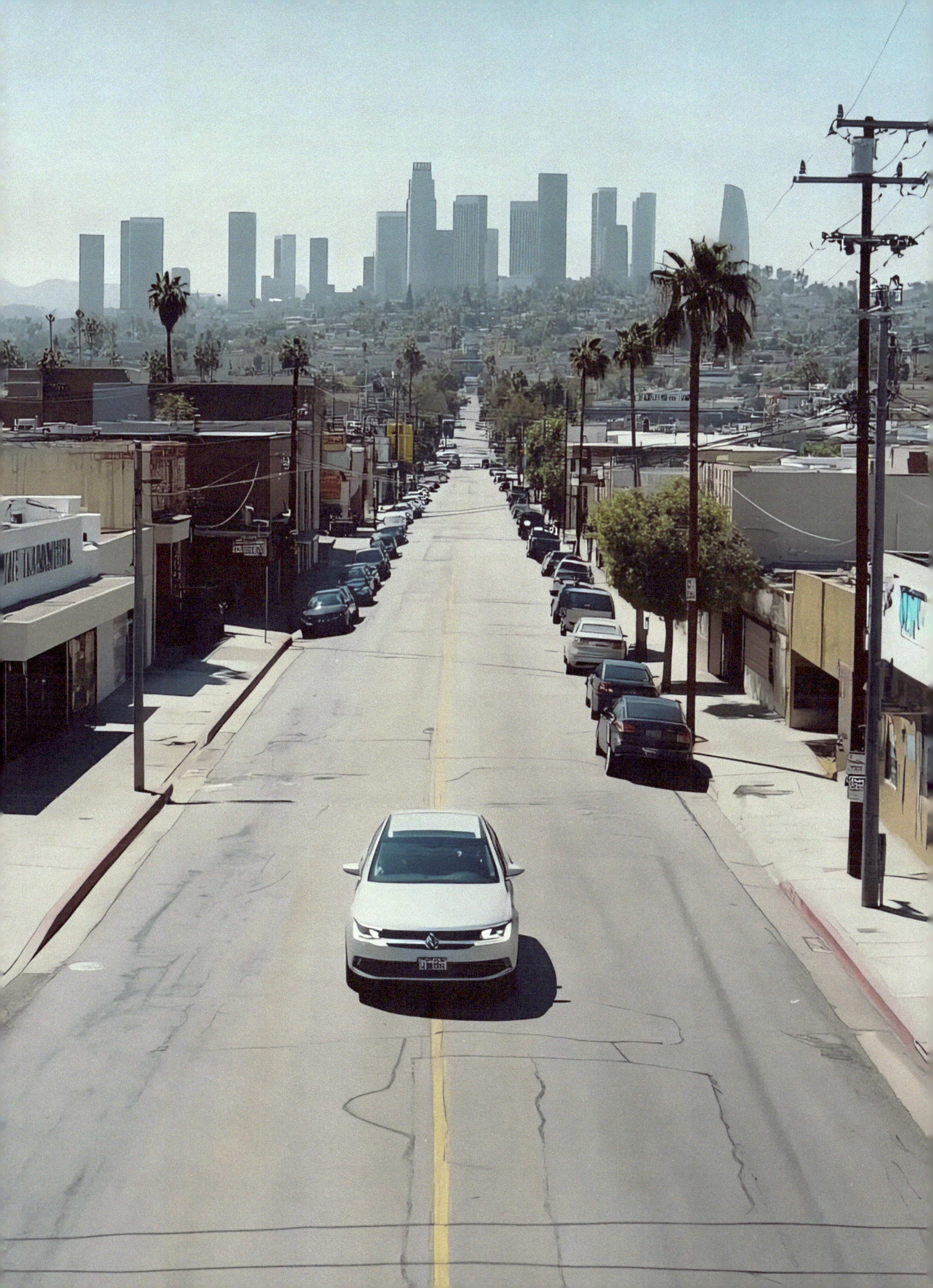

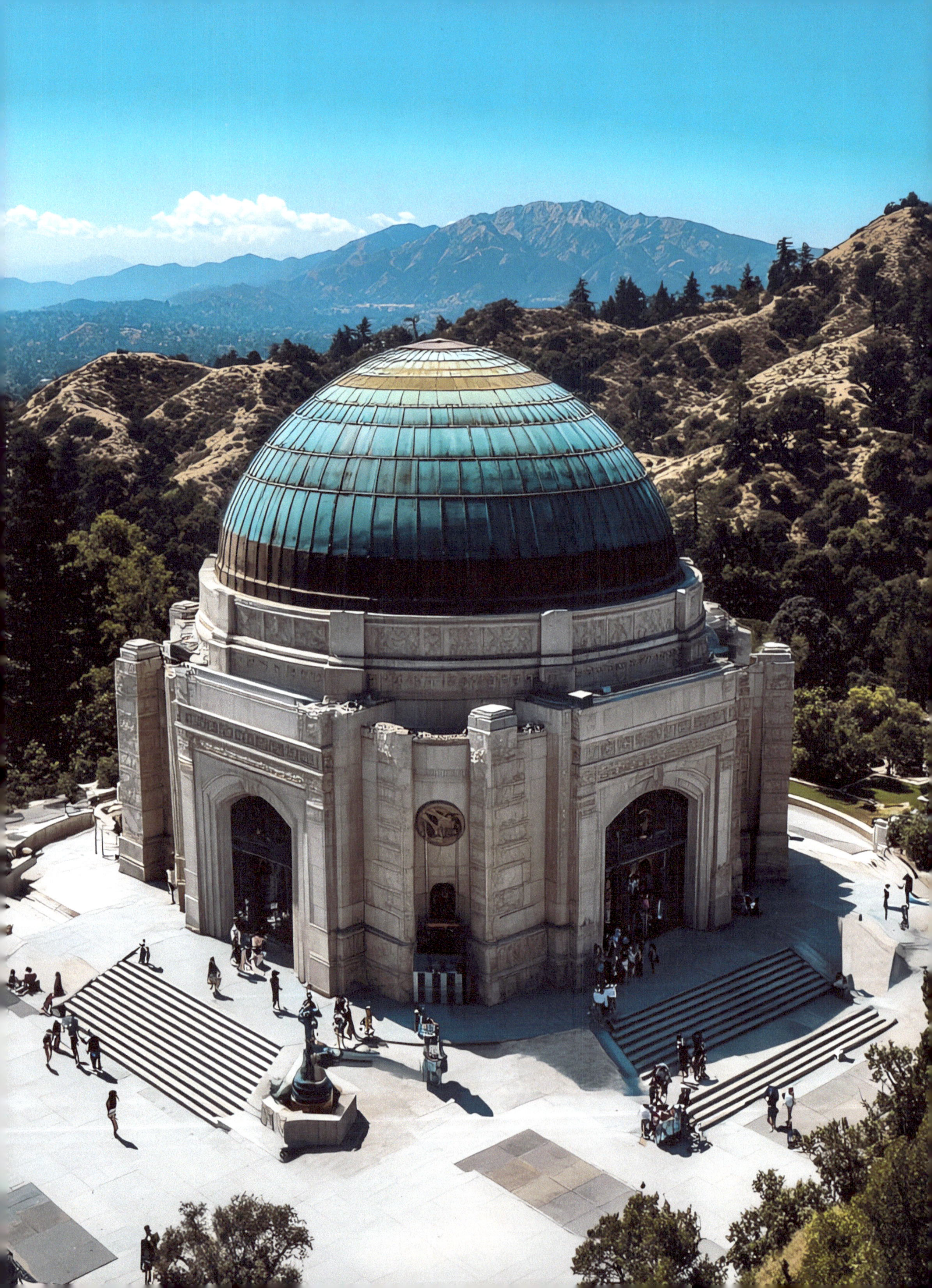

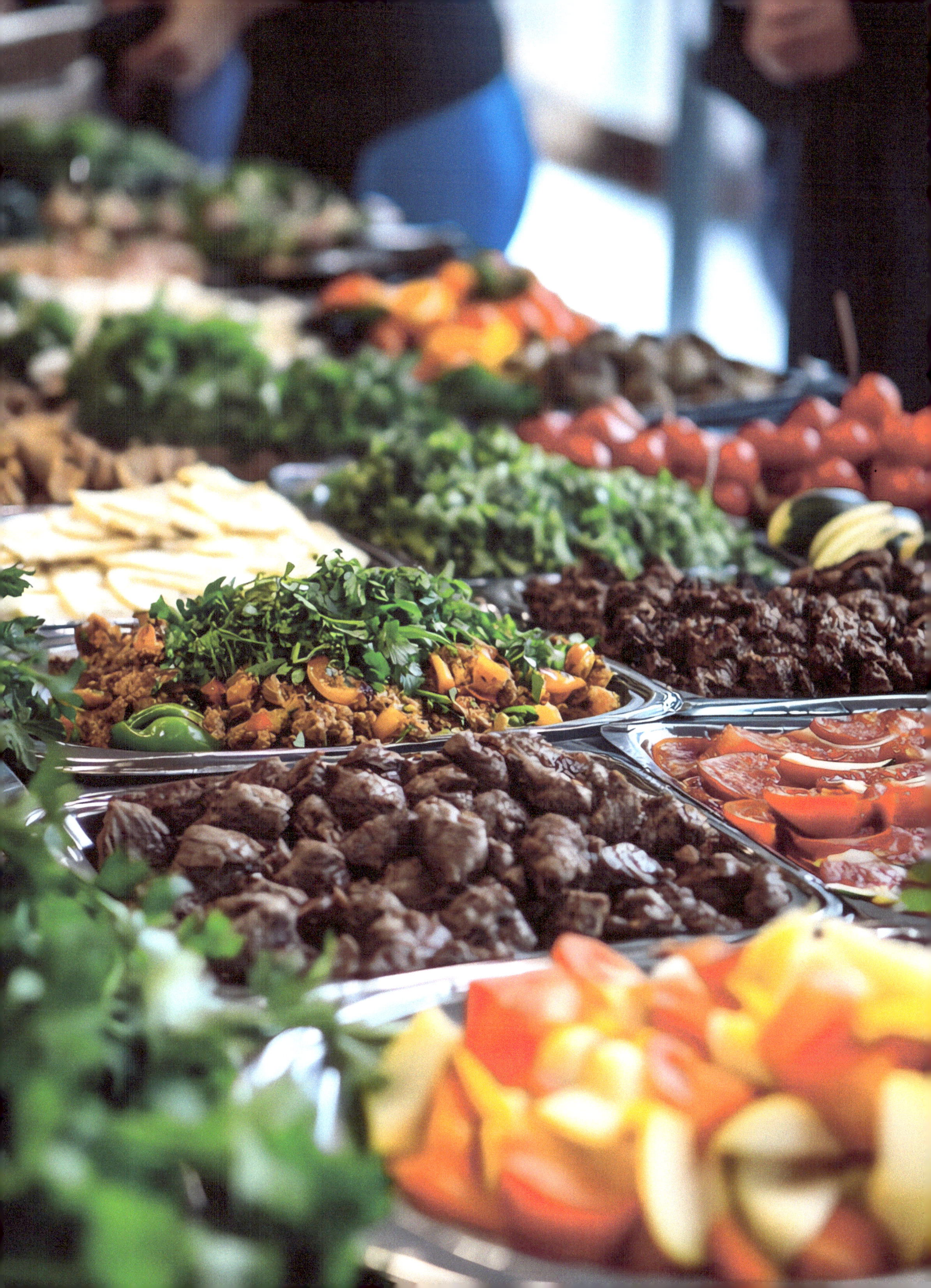

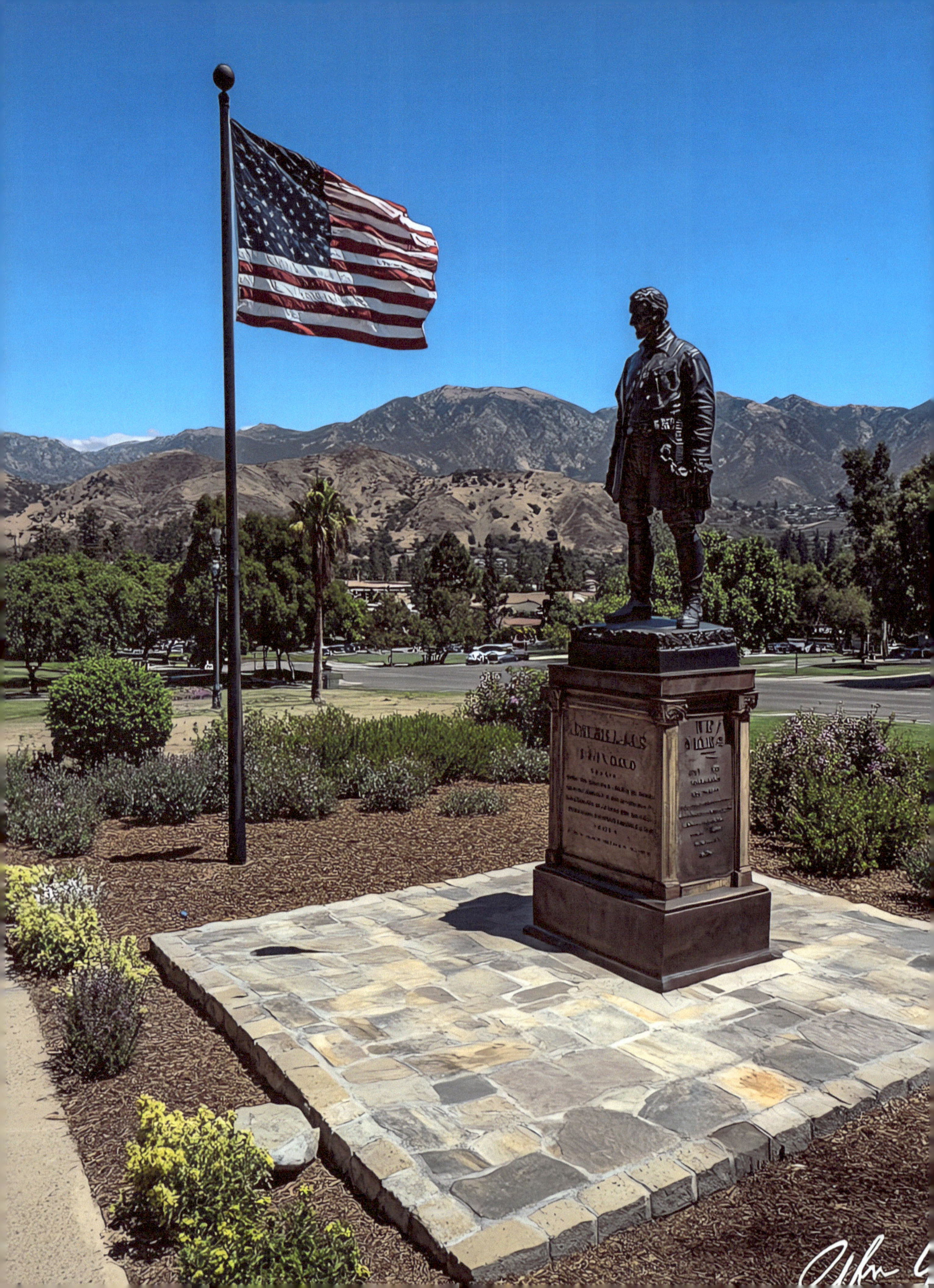

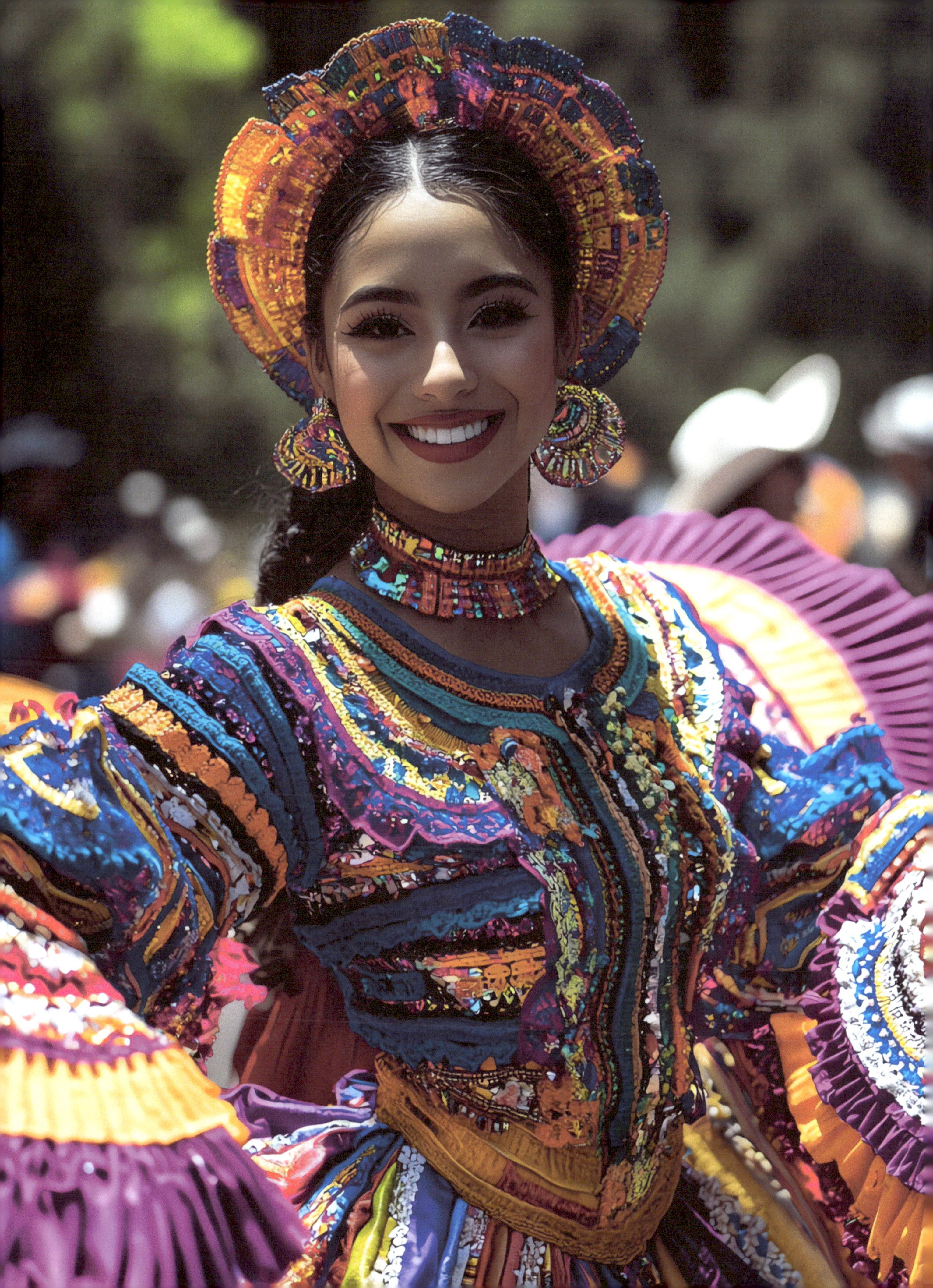

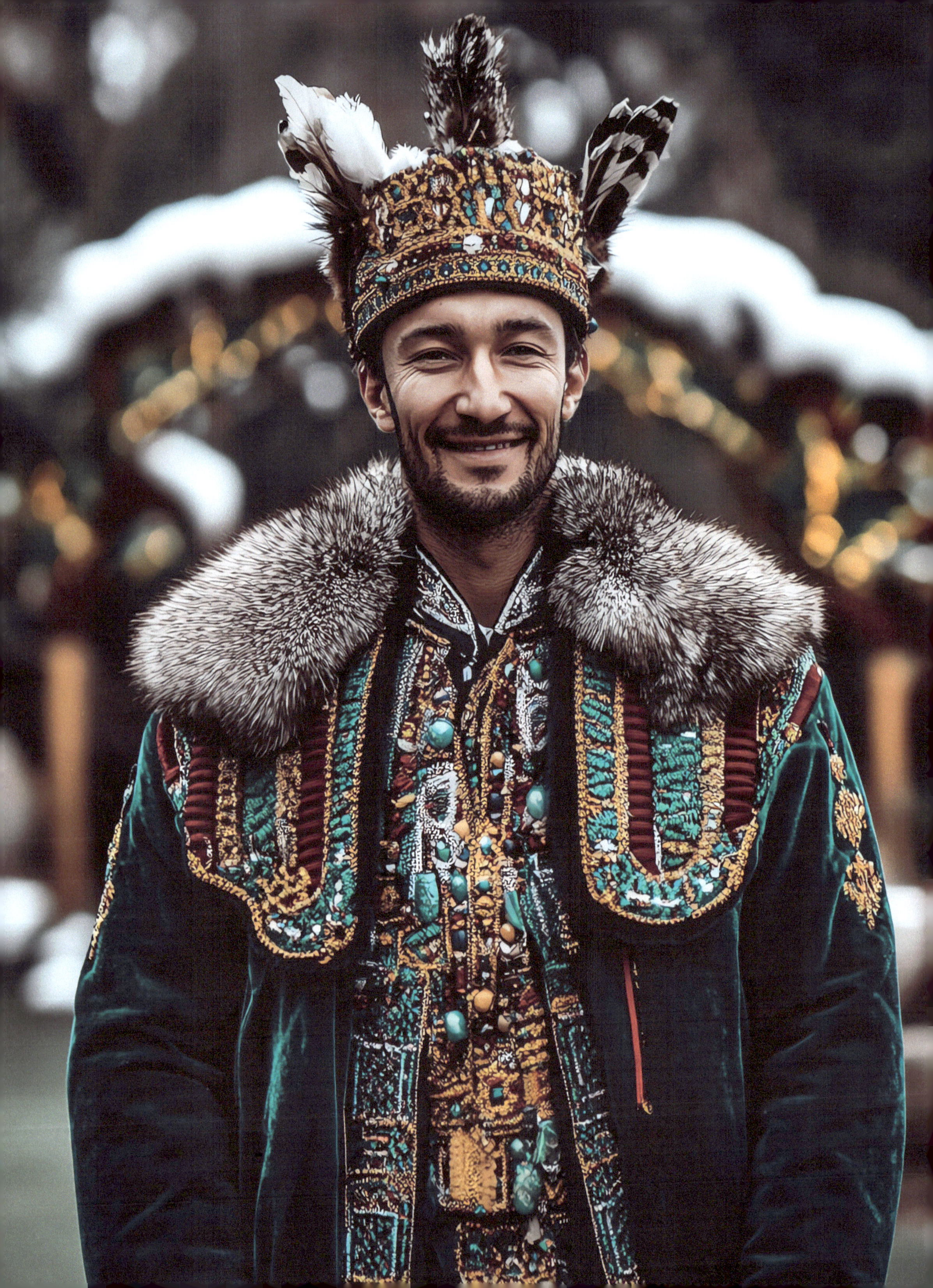

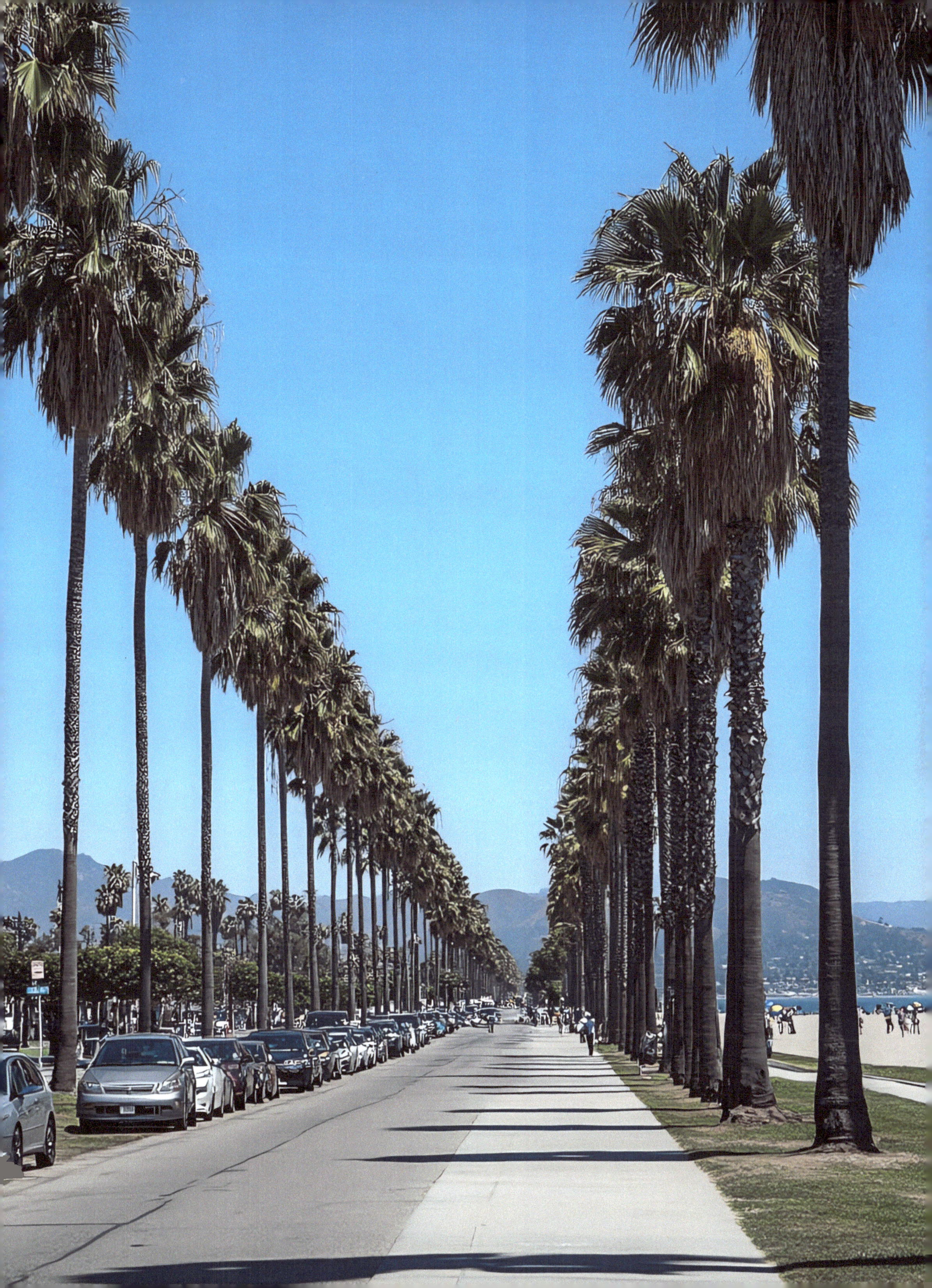

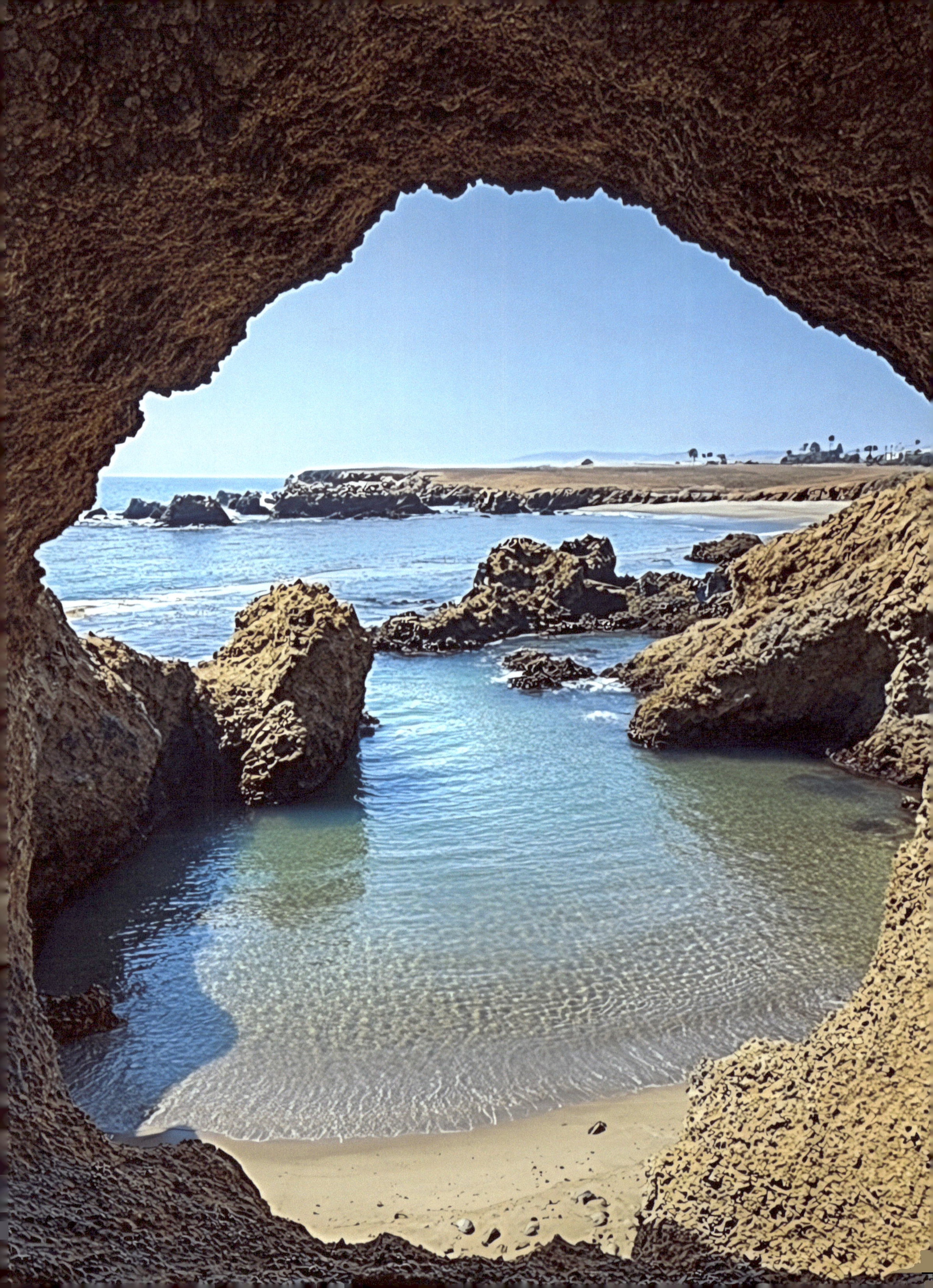

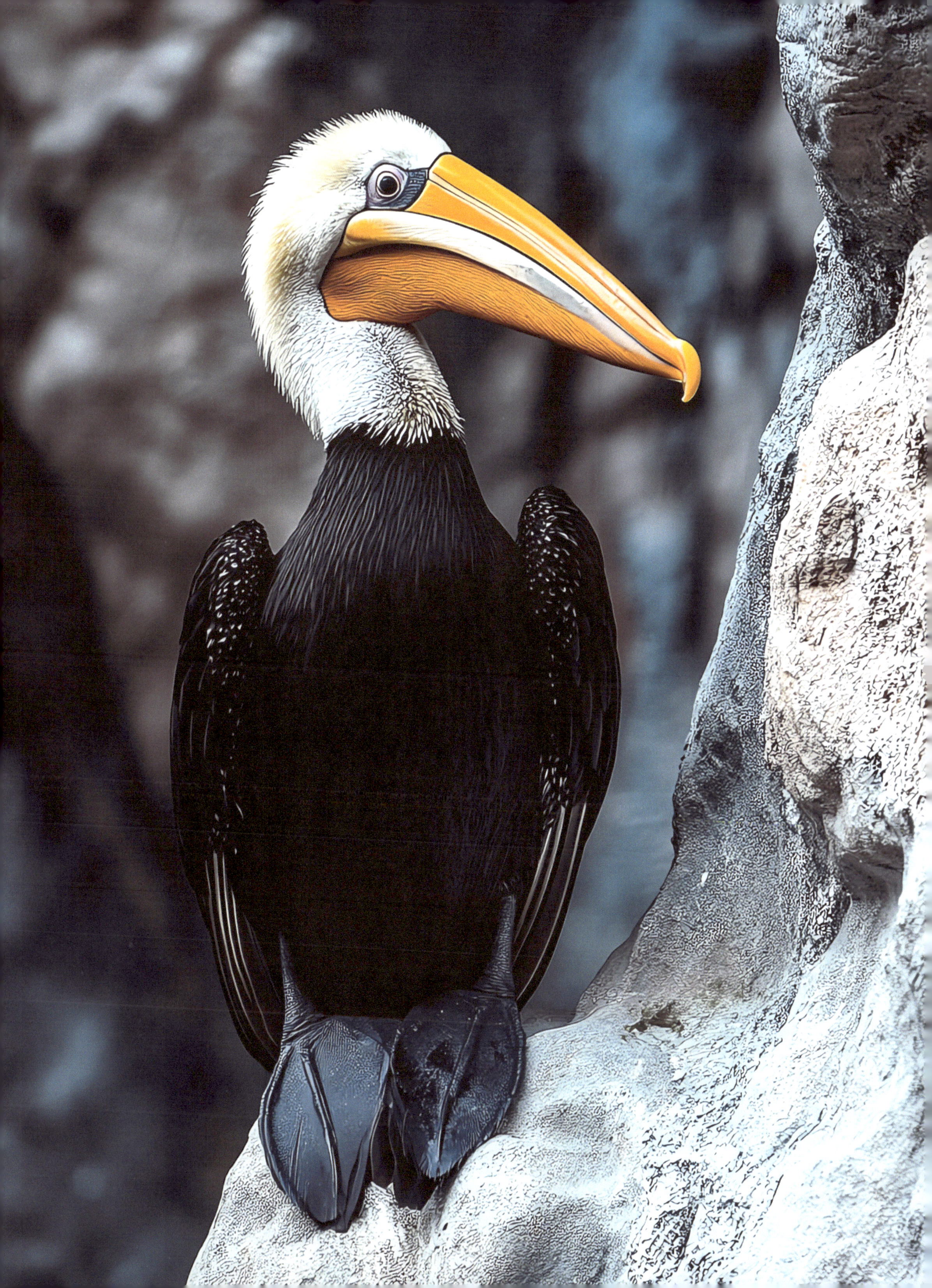

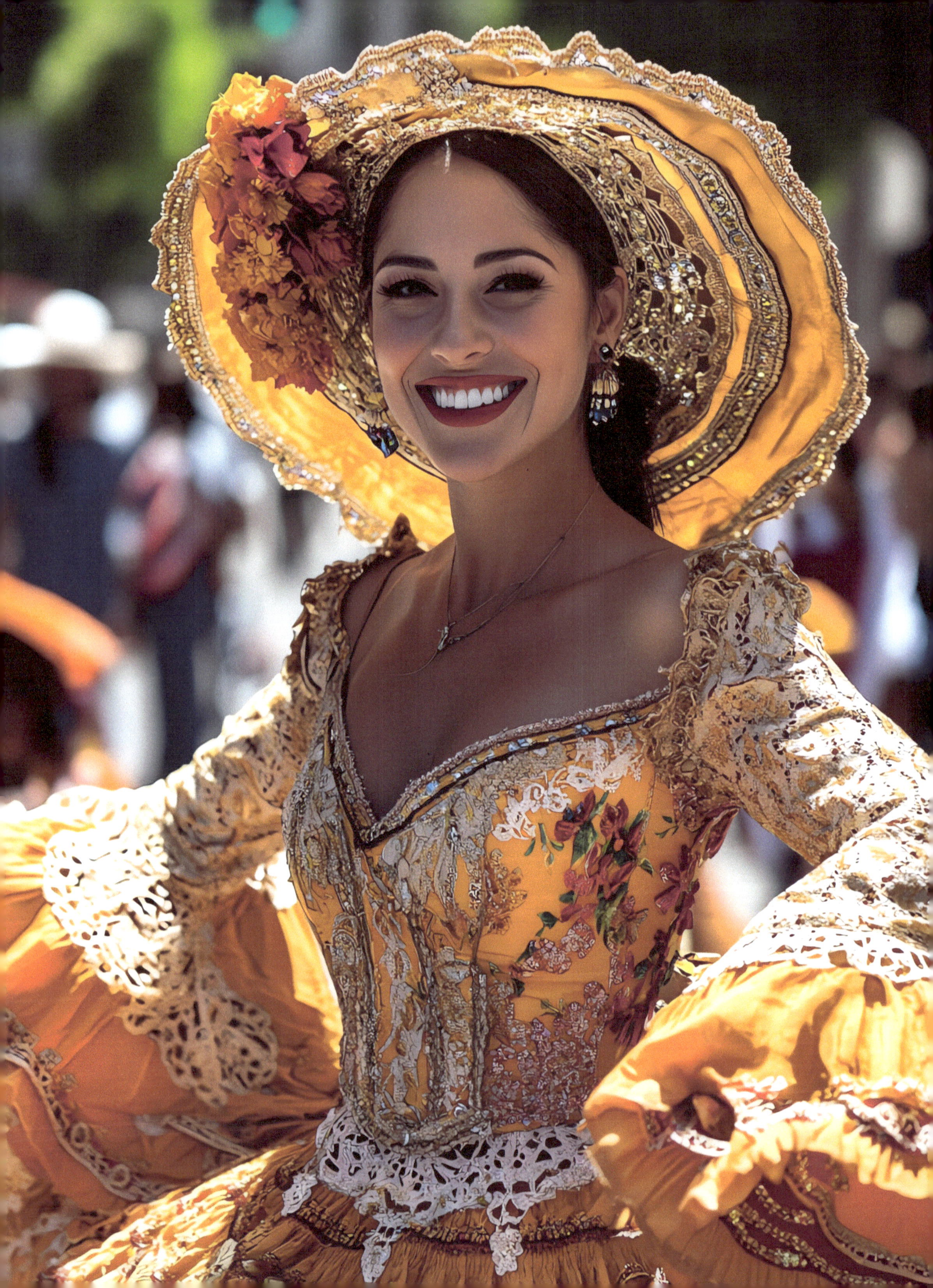

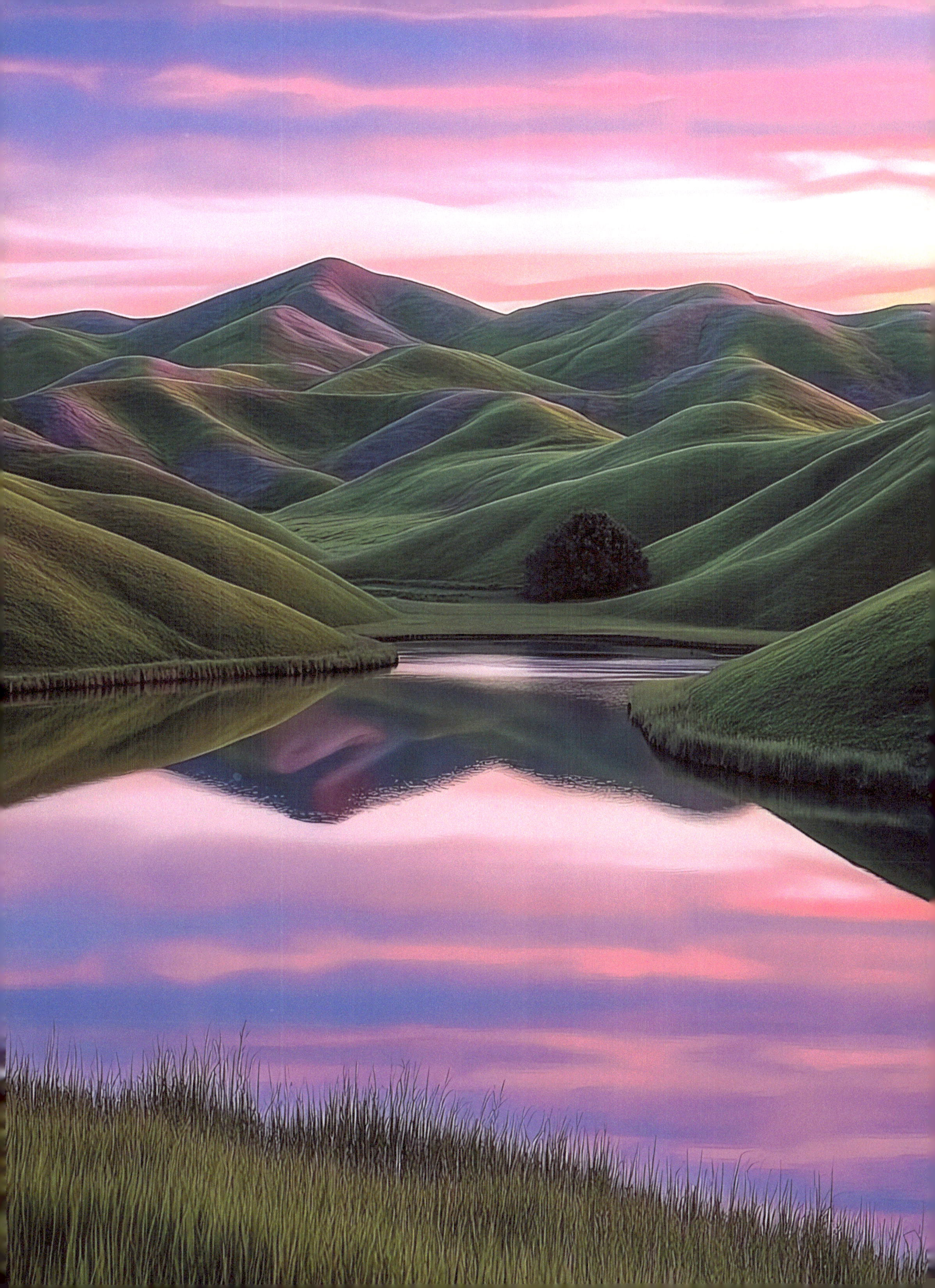

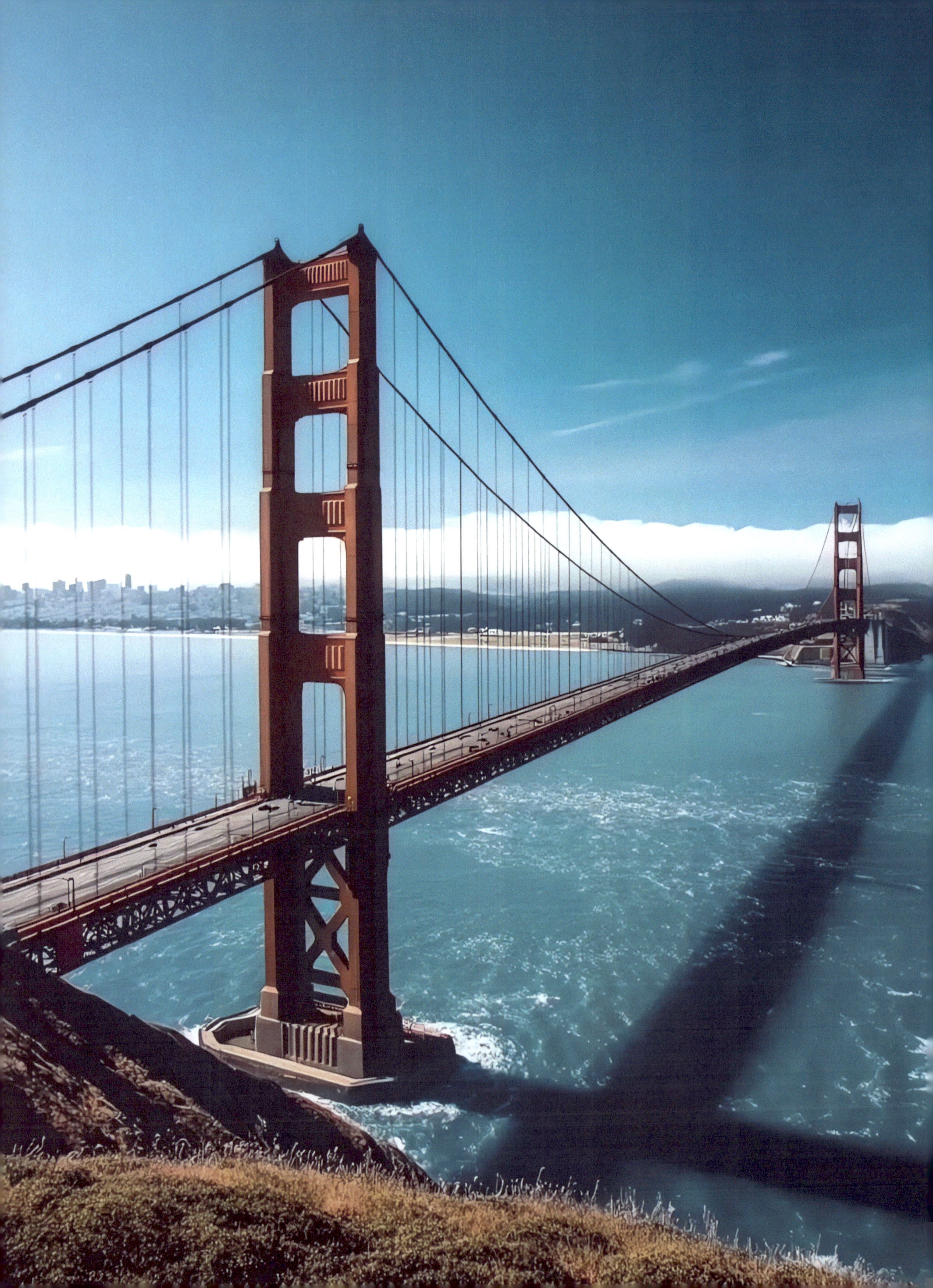

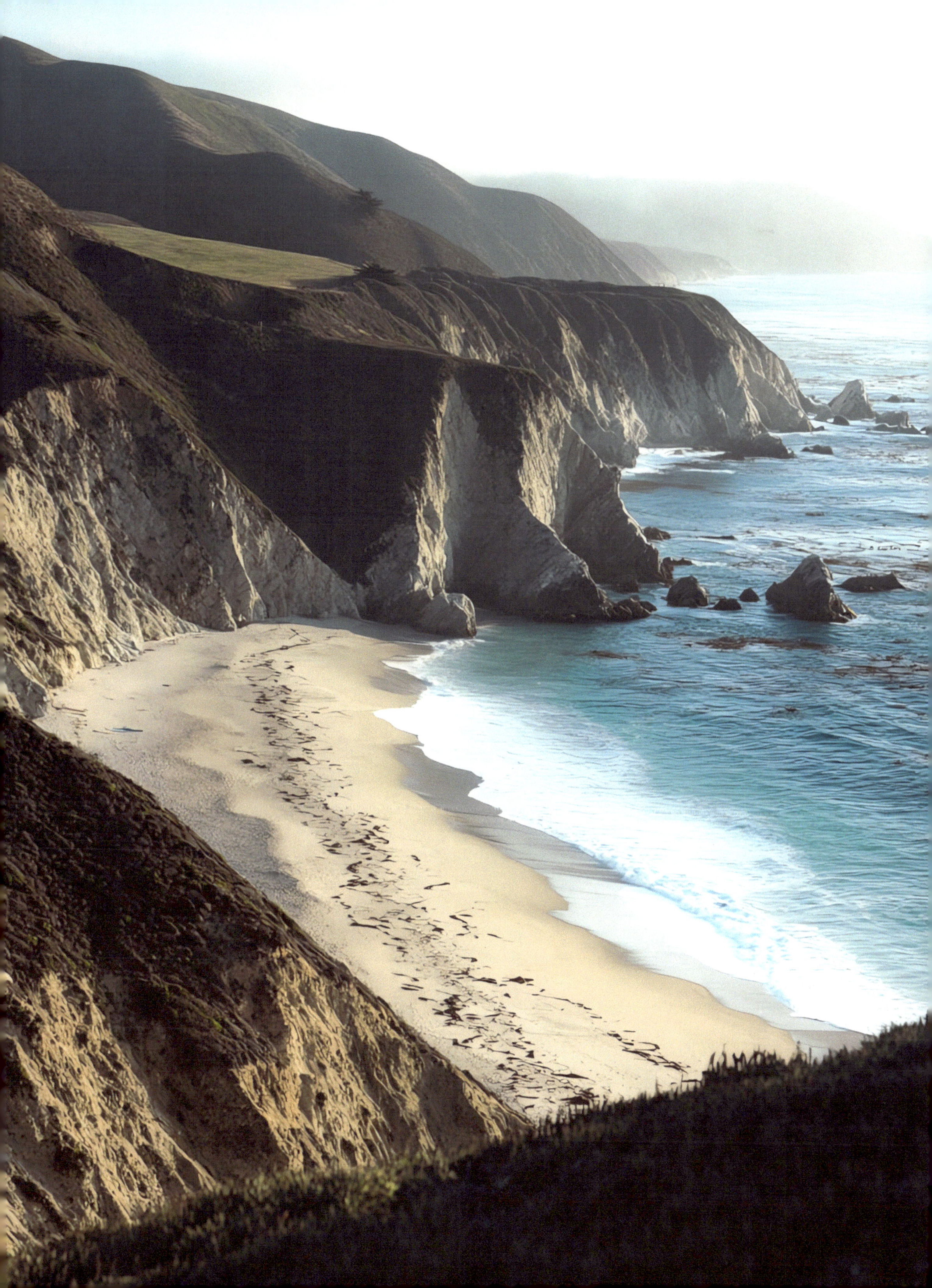

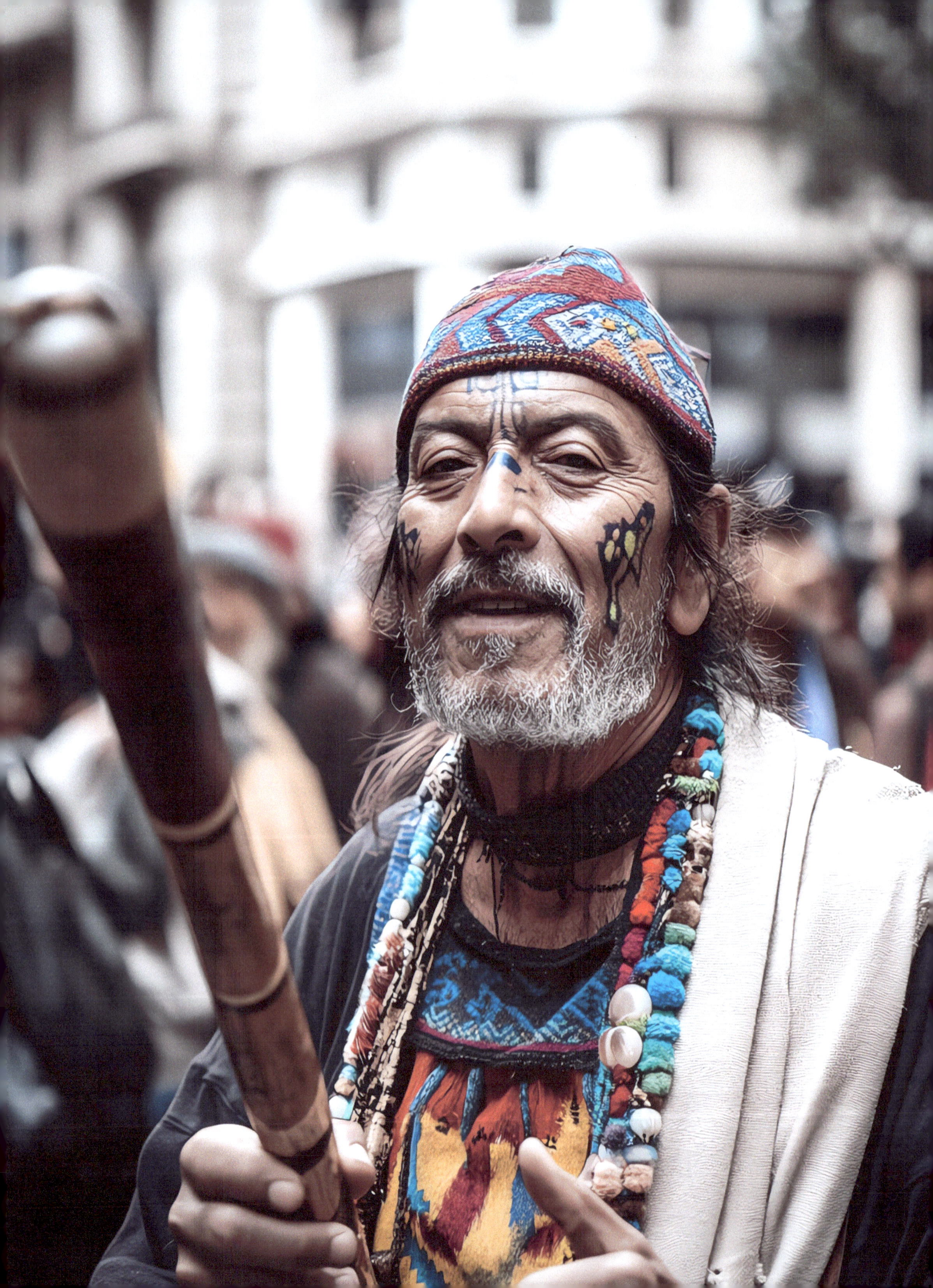

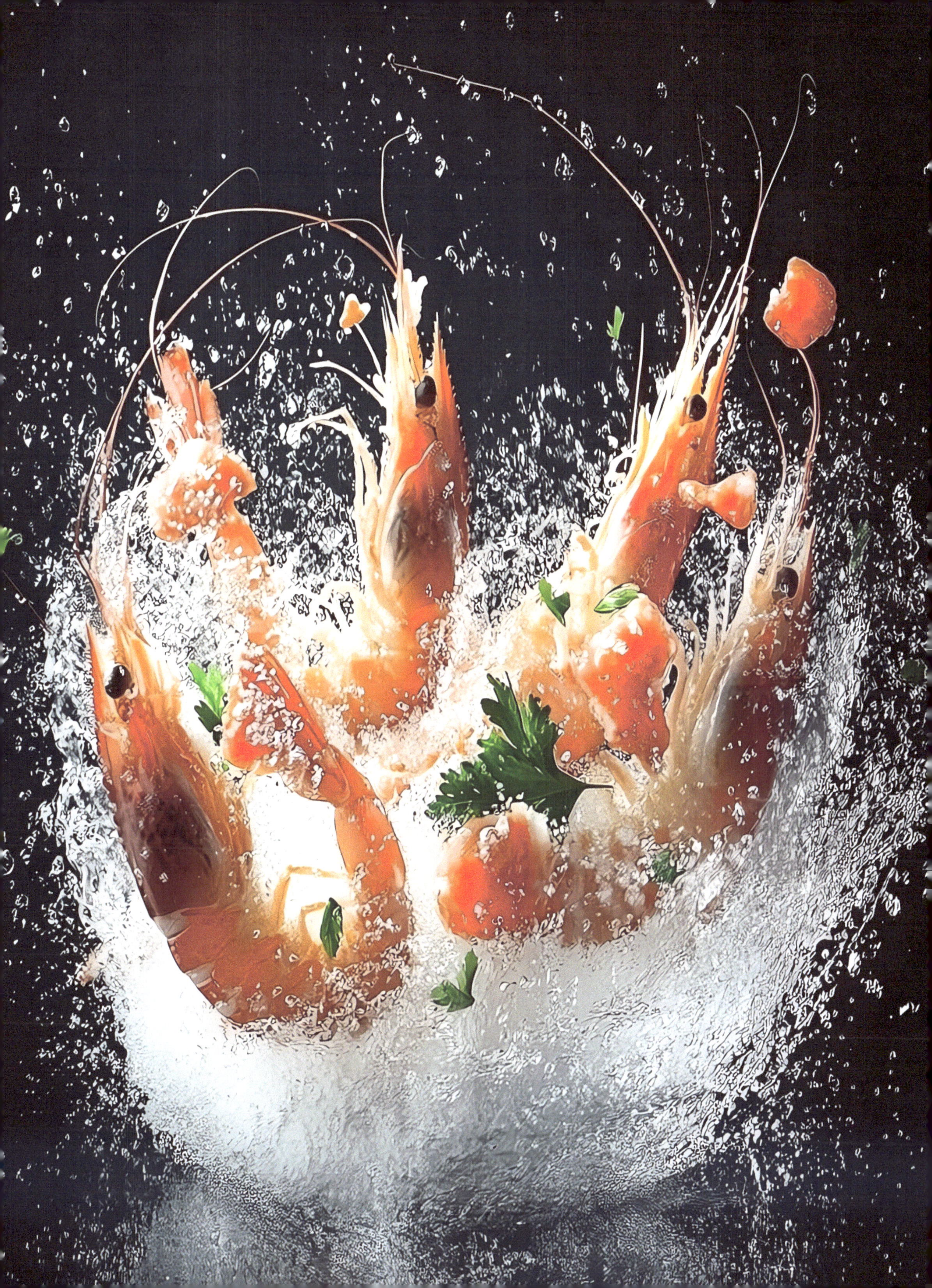

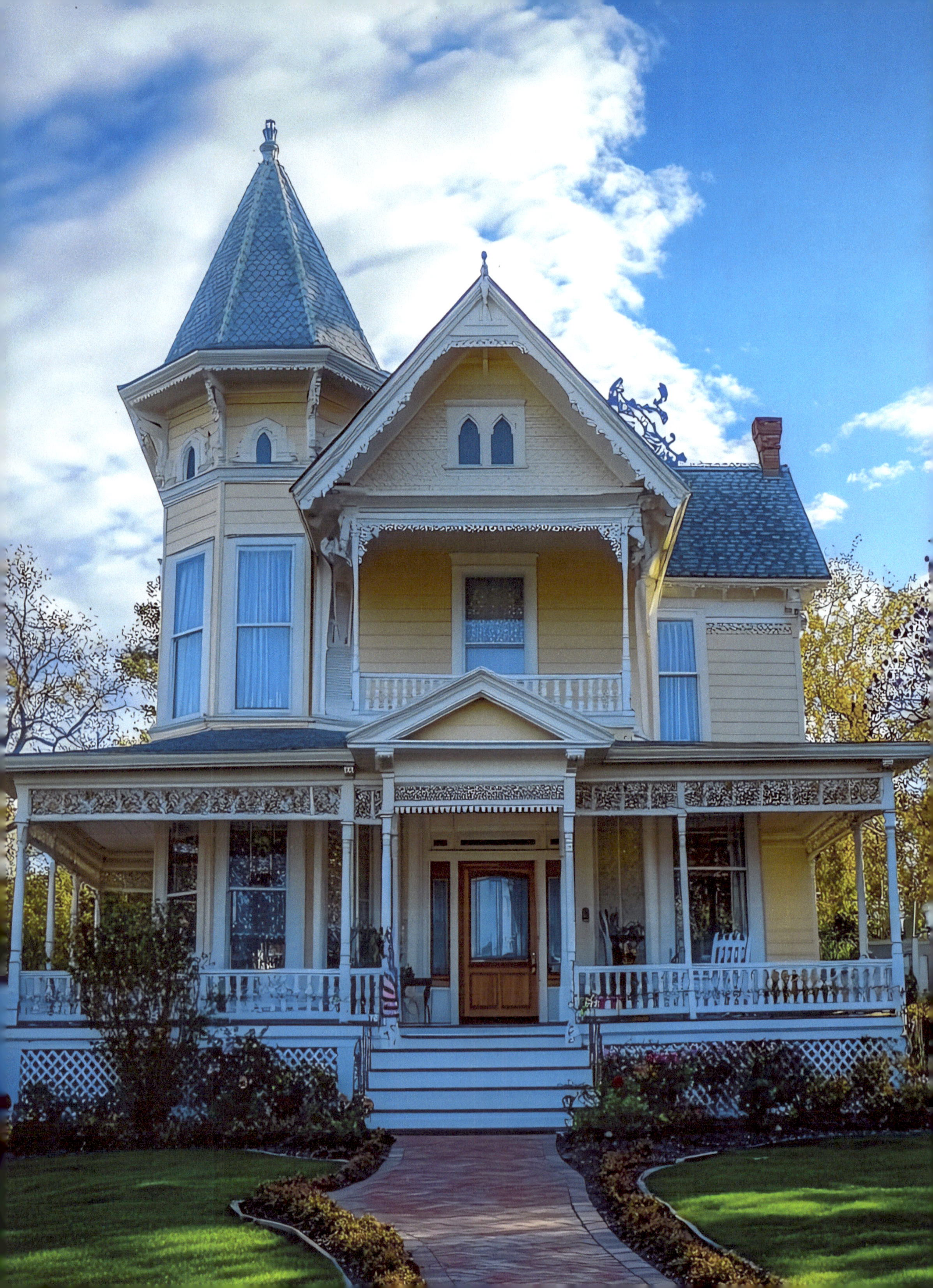

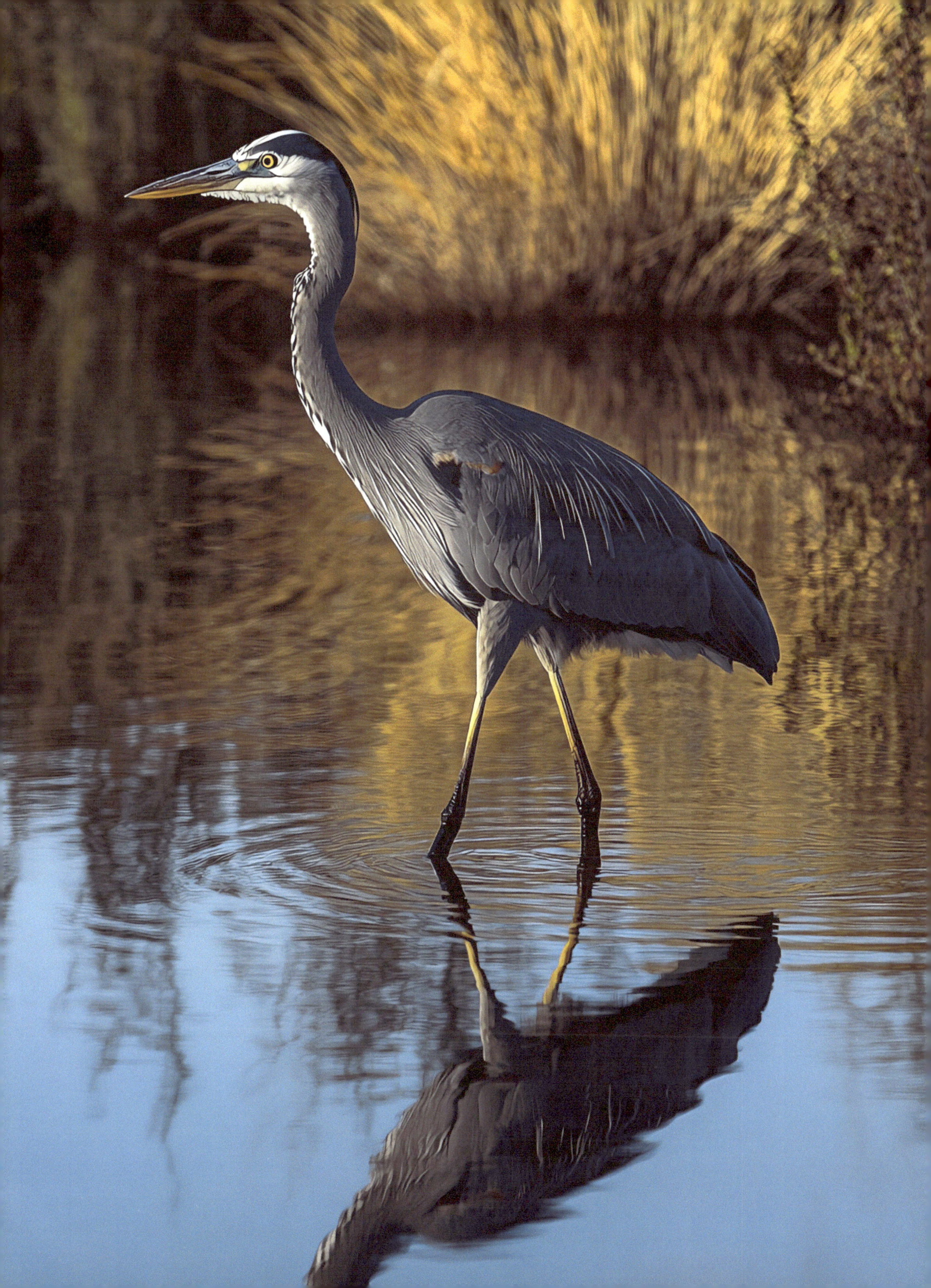

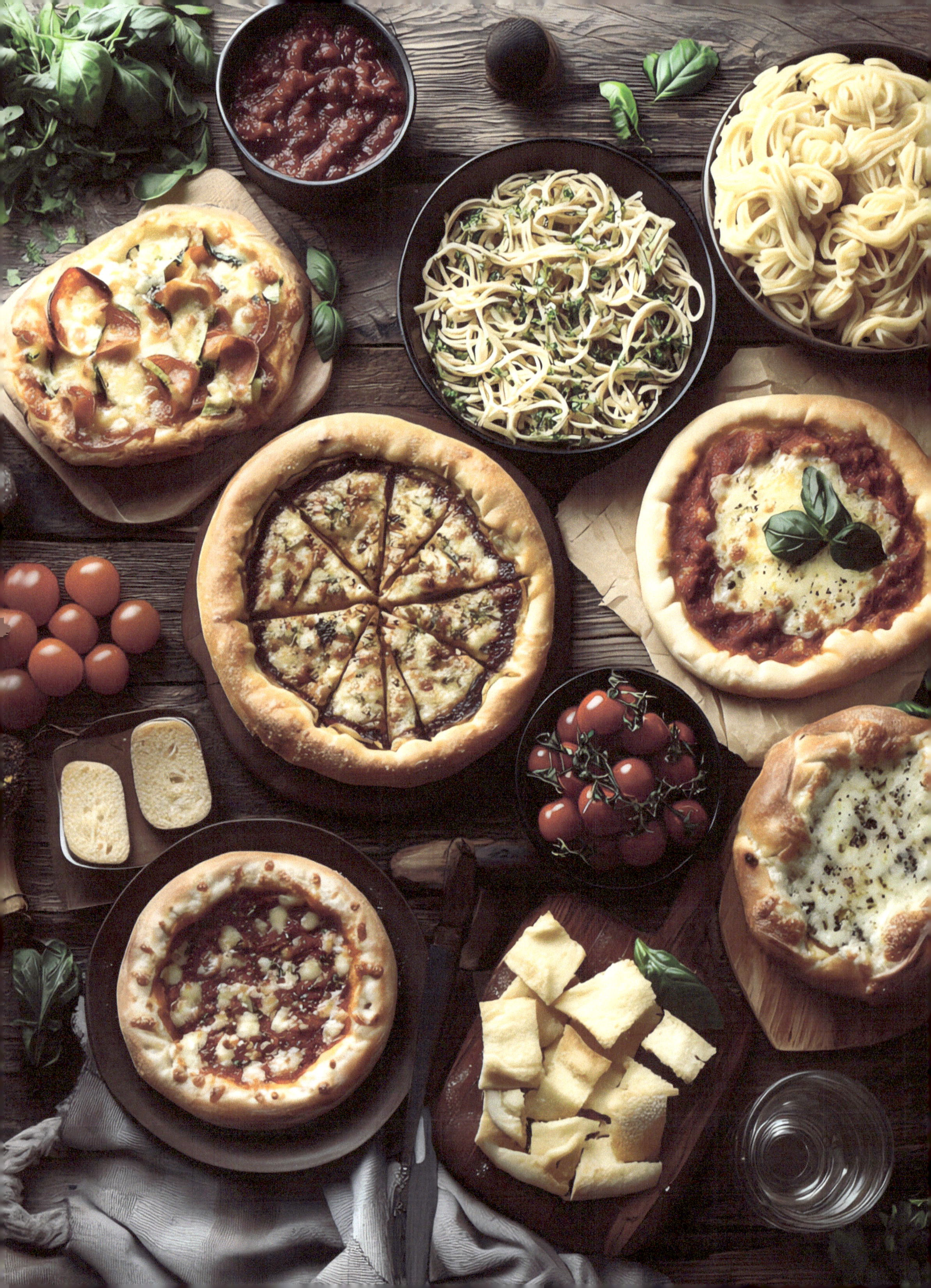

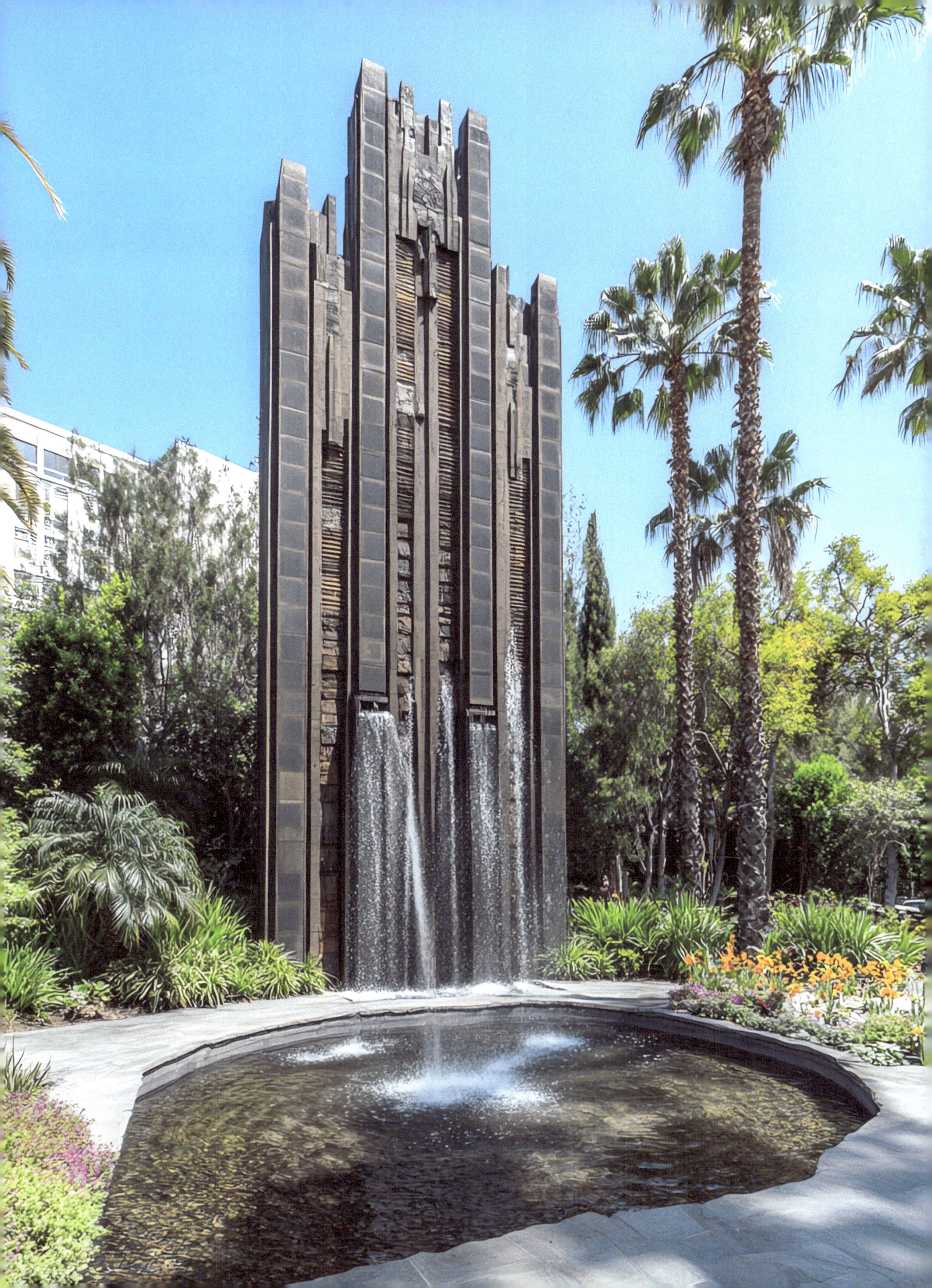

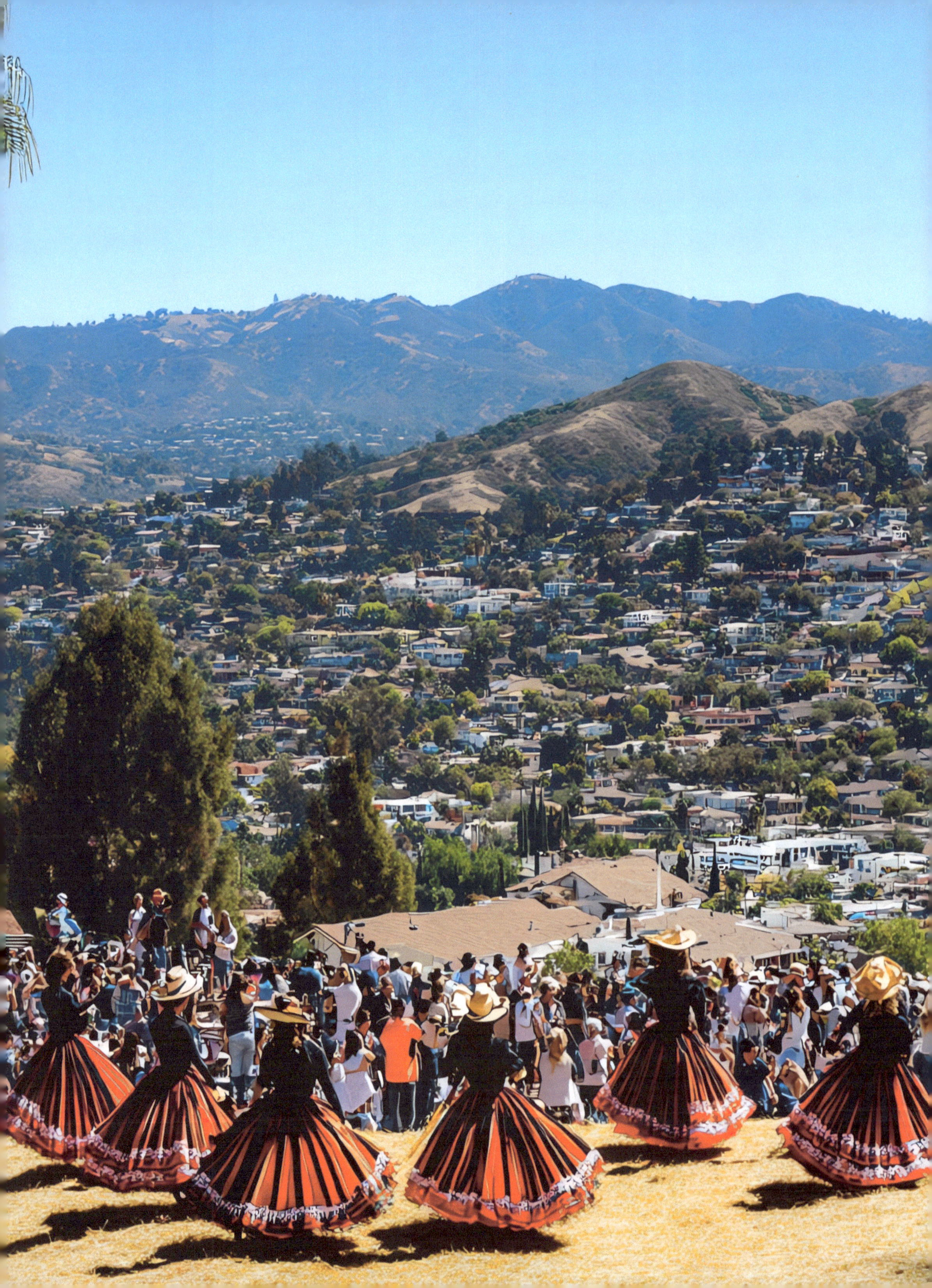

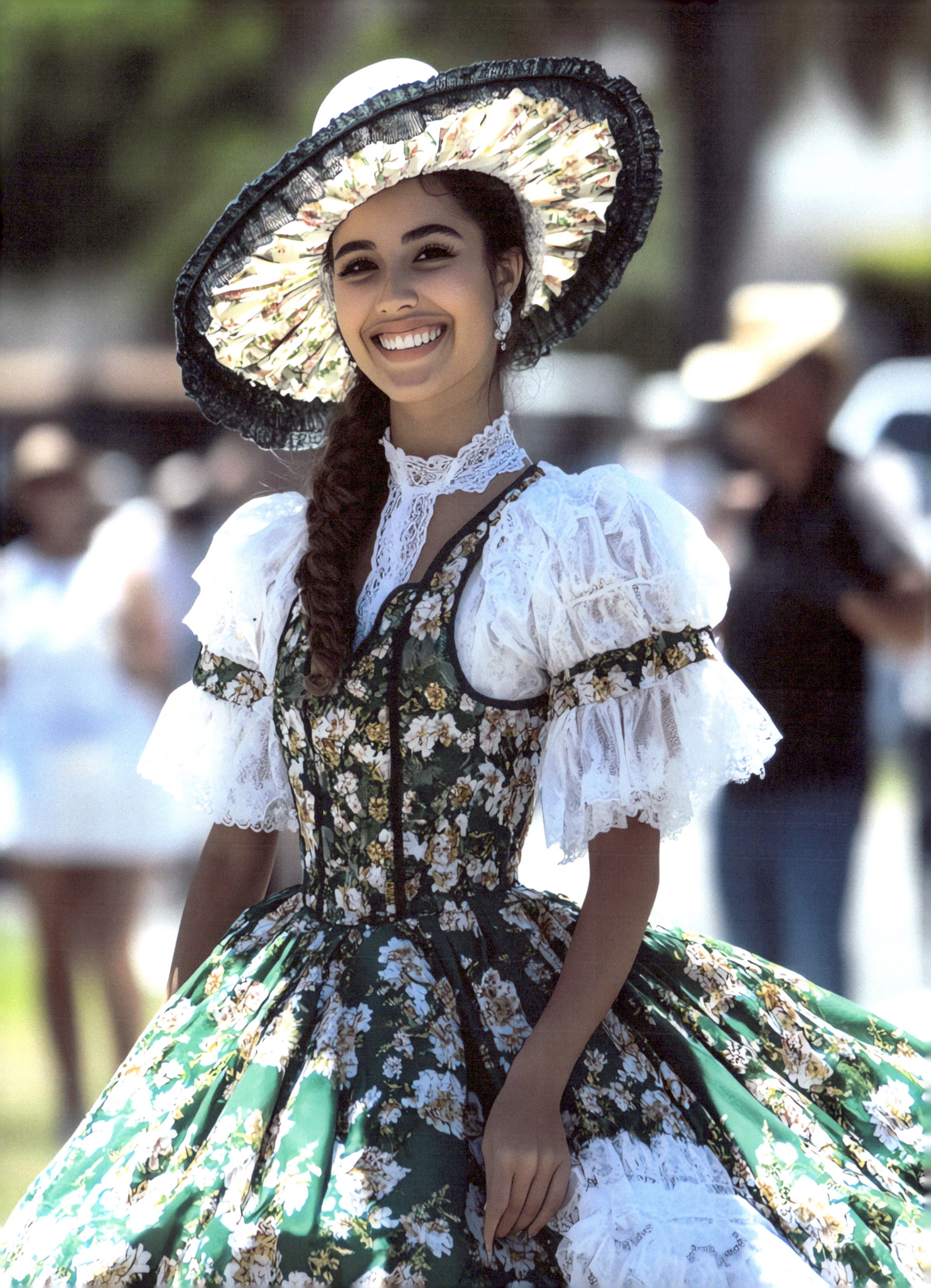

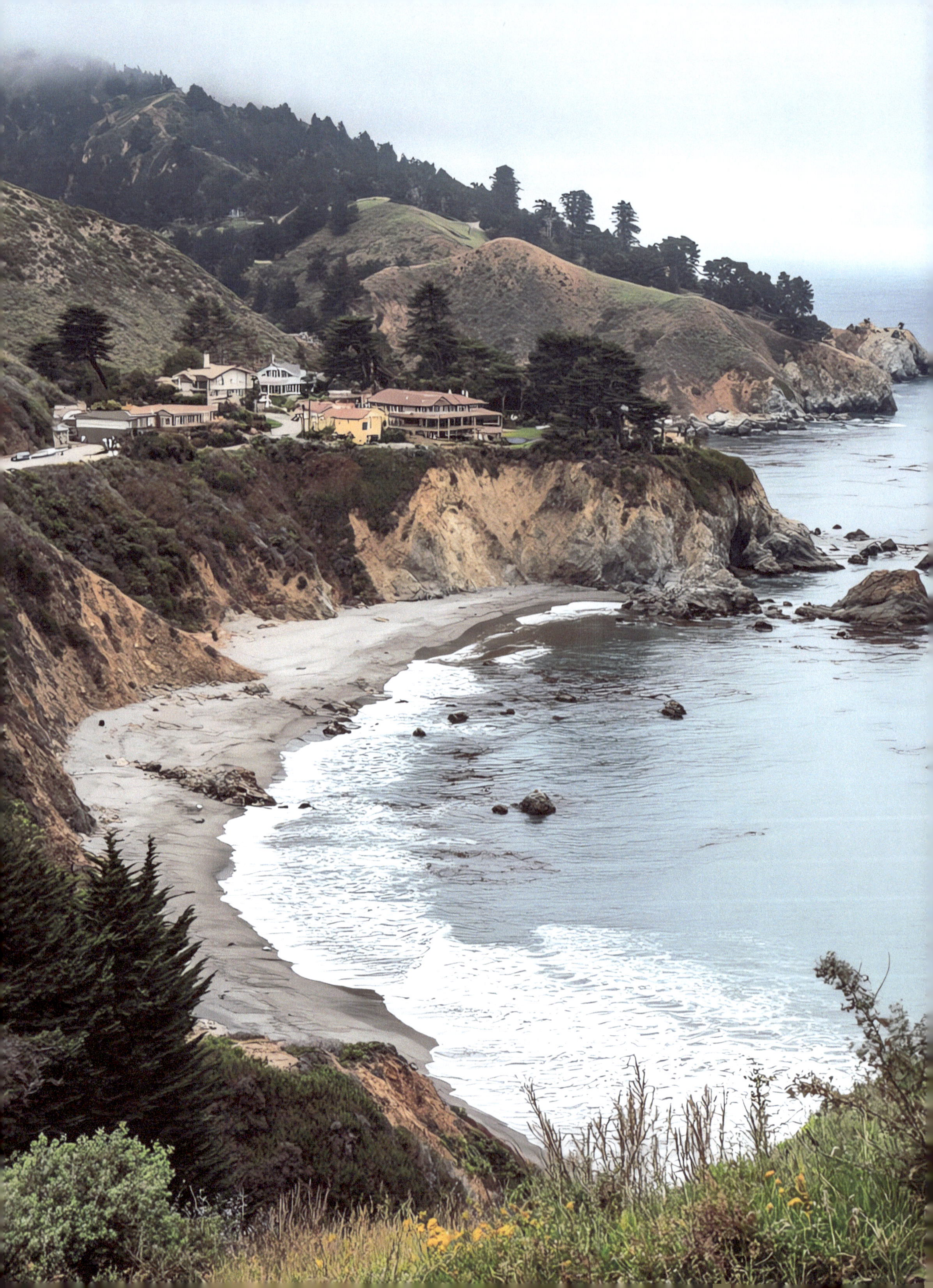

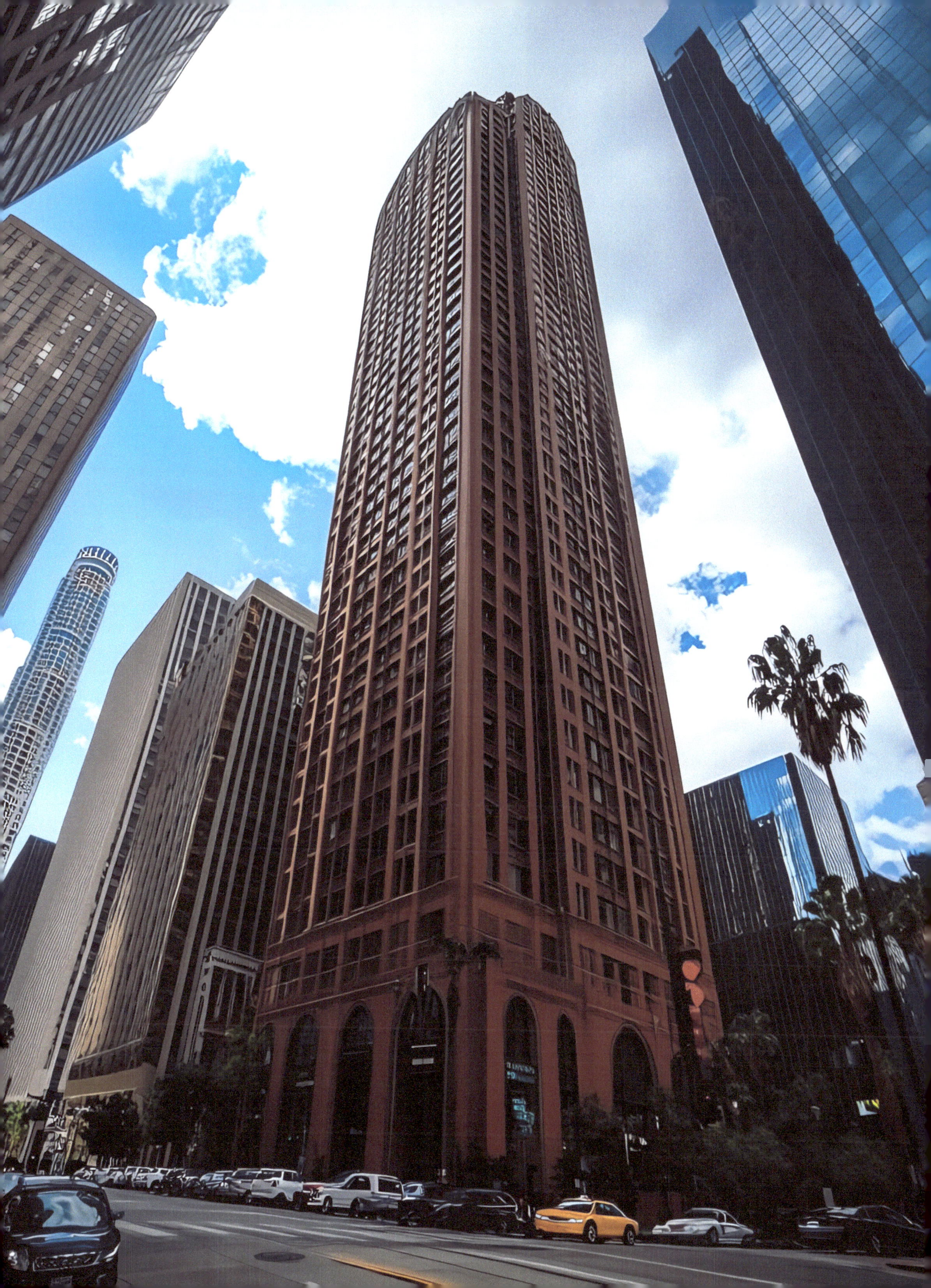

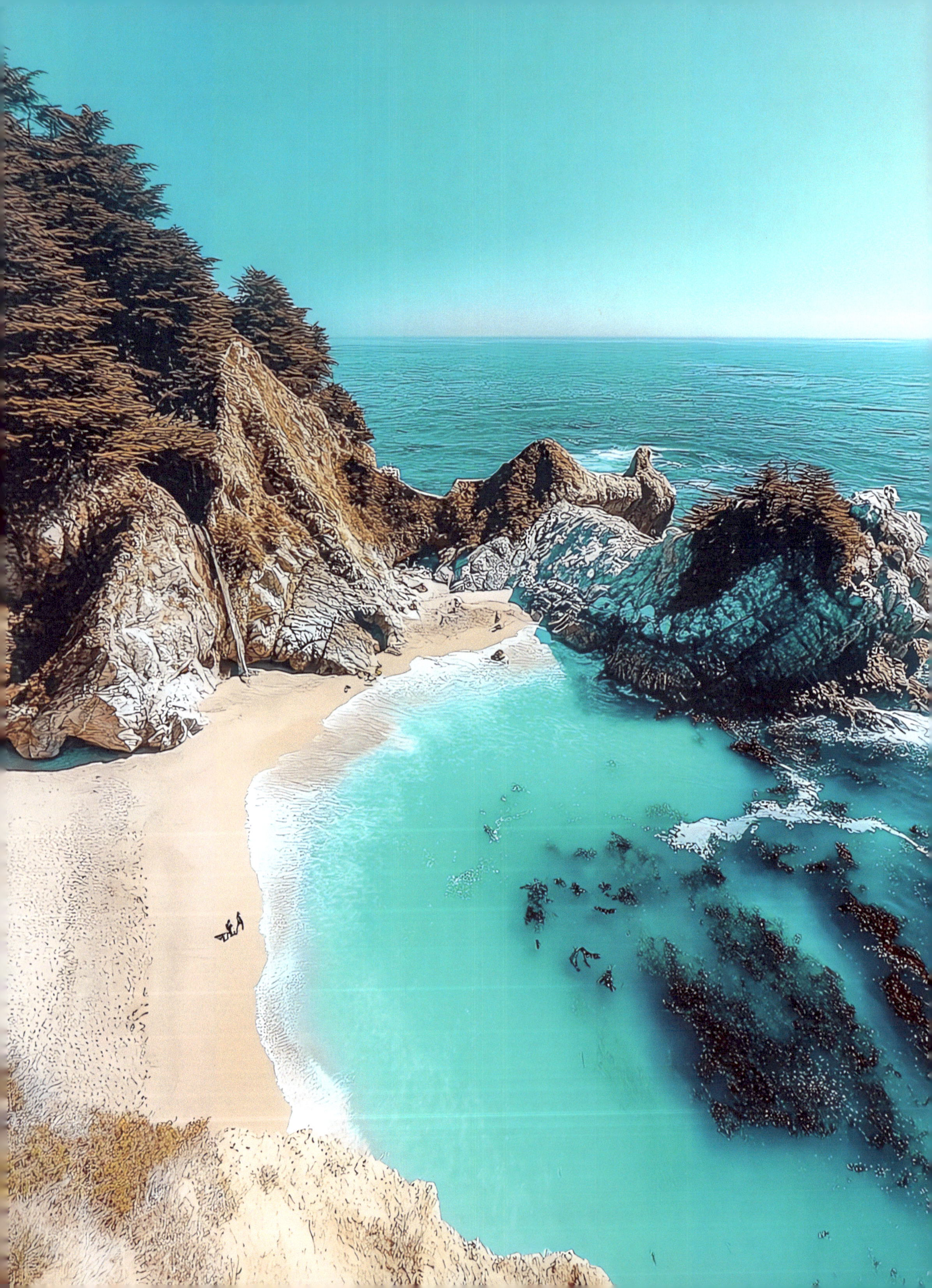

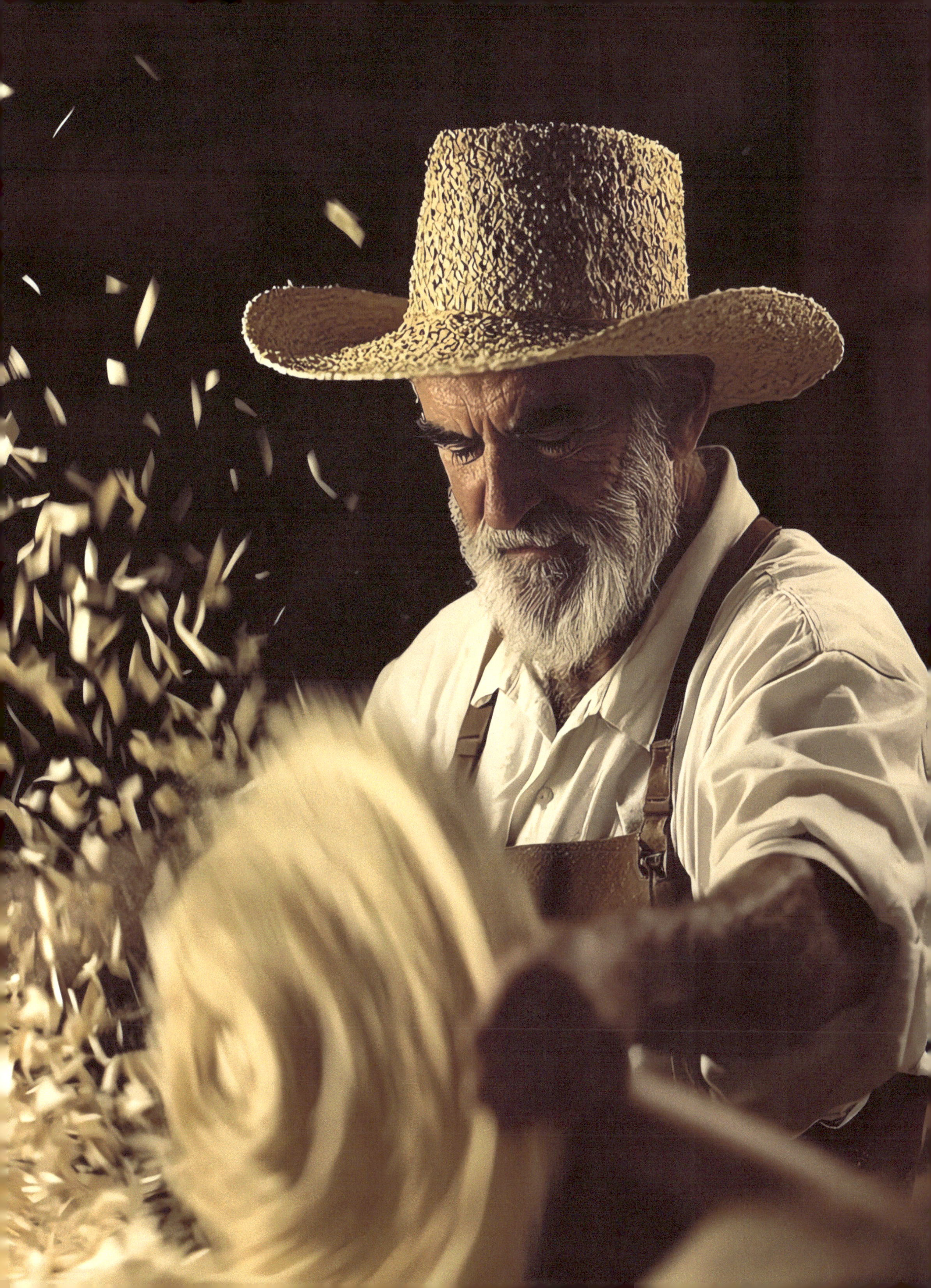

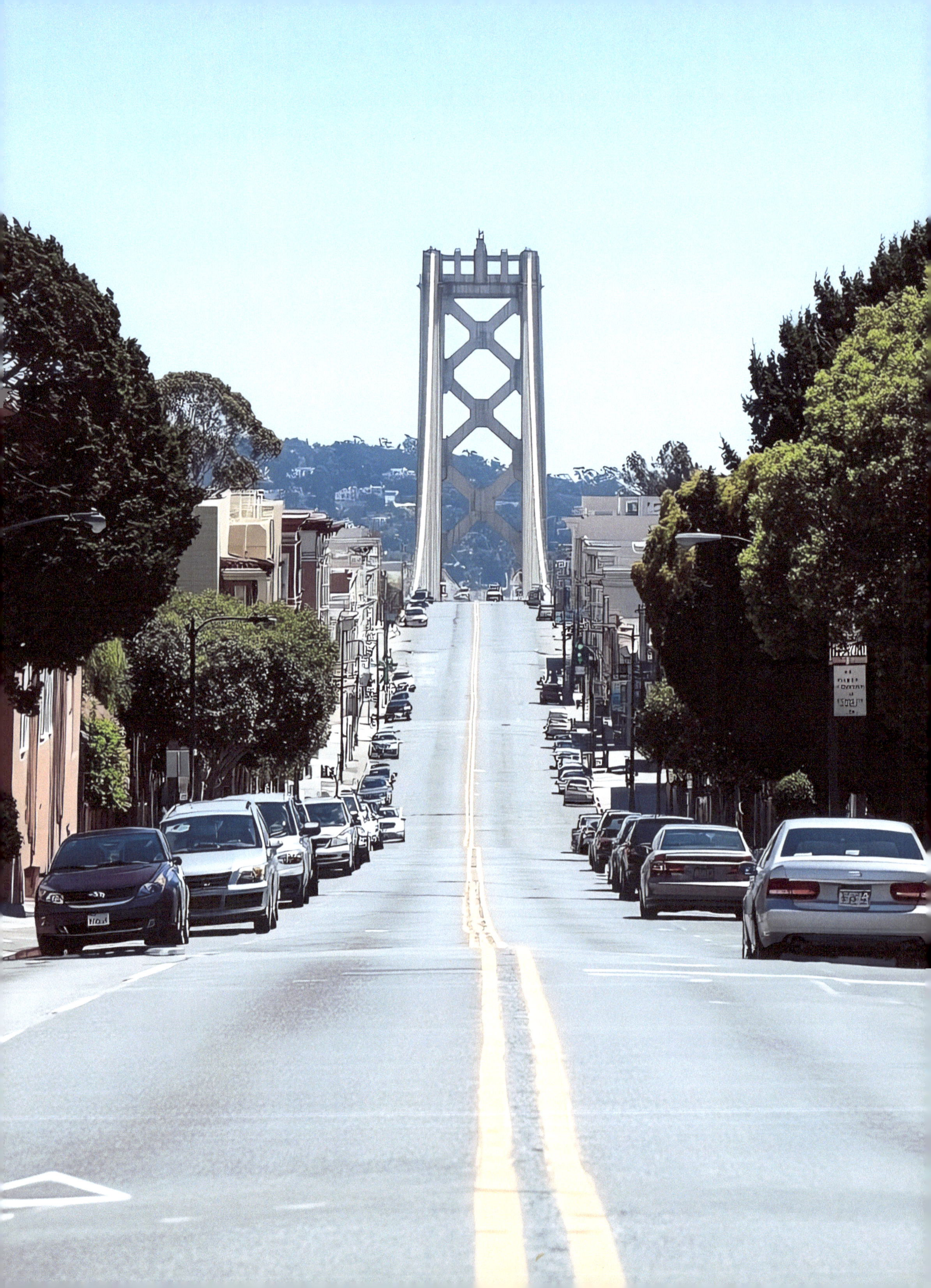

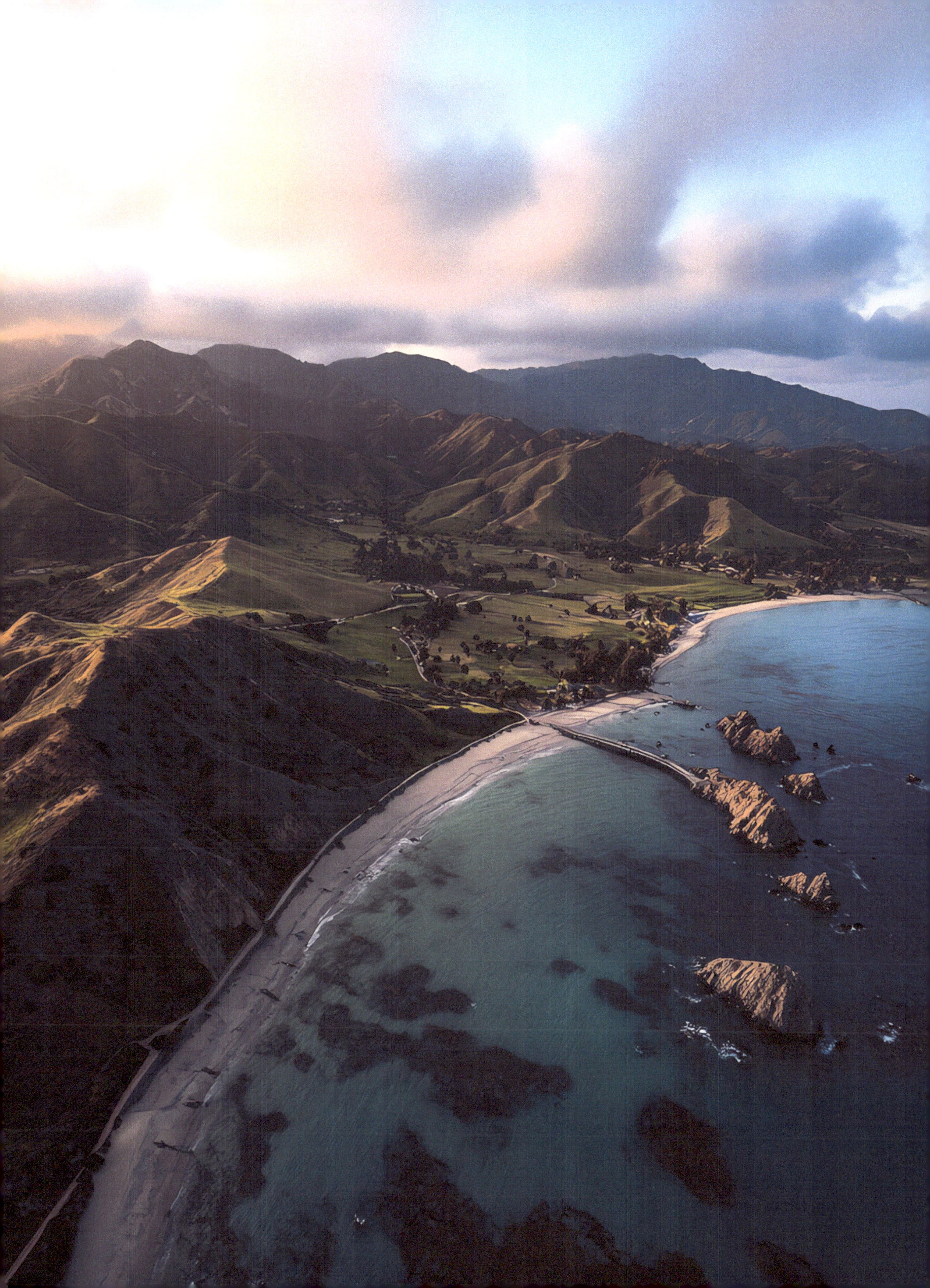

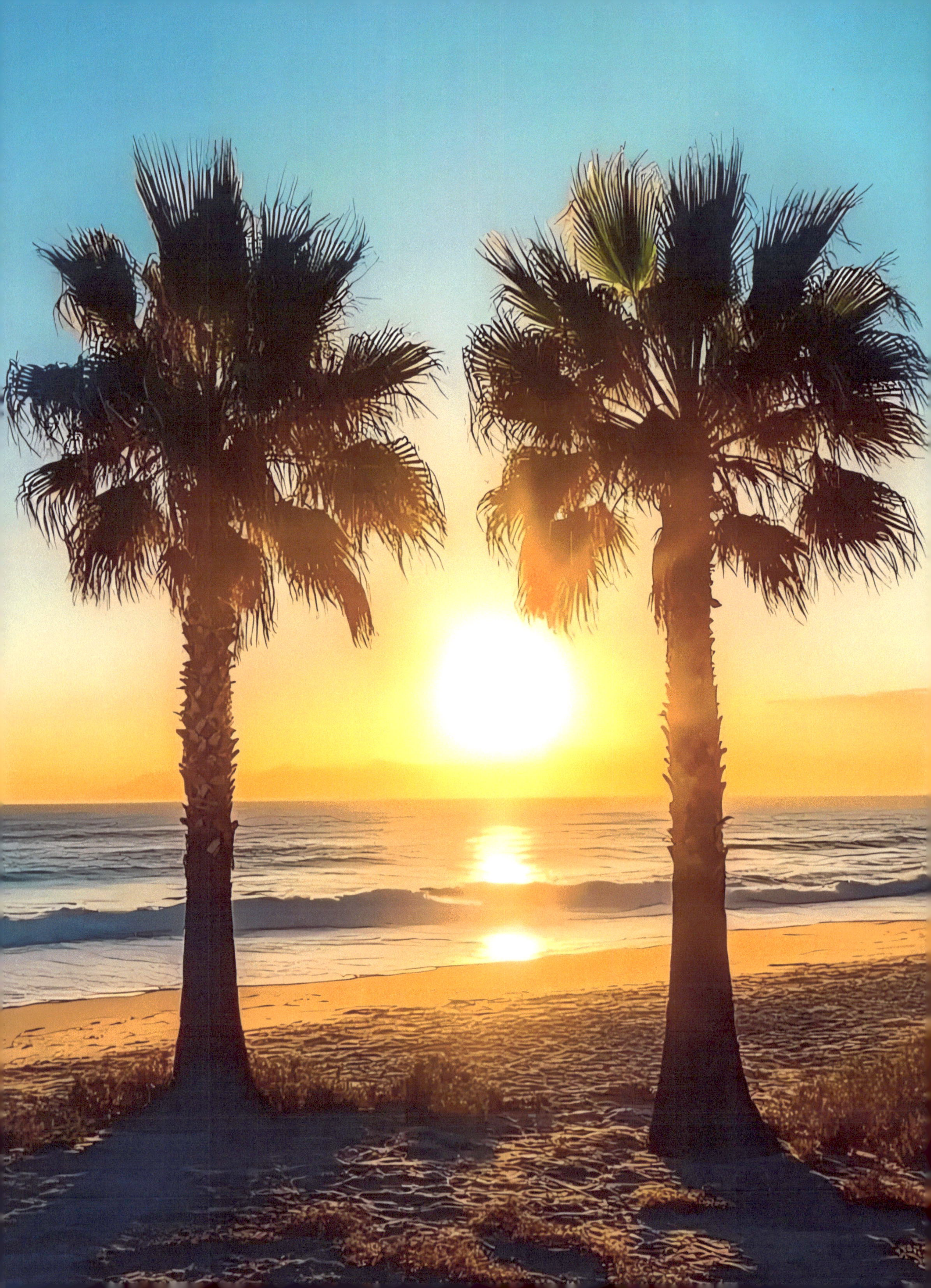

www.ingramcontent.com/pod-product-compliance
Lightning Source LLC
Chambersburg PA
CBHW040445220526
45473CB00004B/1527
* 9 7 9 8 3 0 2 2 7 2 2 5 6 *